只要坚持，梦想总是可以实现的

慕青衿 / 著

天津出版传媒集团
天津人民出版社

图书在版编目（CIP）数据

只要坚持，梦想总是可以实现的 / 慕青衿著. —天津：天津人民出版社，2016. 6

ISBN 978-7-201-10355-6

Ⅰ. ①只… Ⅱ. ①慕… Ⅲ. ①散文集—中国—当代 Ⅳ. ① I267

中国版本图书馆 CIP 数据核字（2016）第 095391 号

只要坚持，梦想总是可以实现的

ZHIYAOJIANCHI, MENGXIANGZONGSHIKEYISHIXIANDE

慕青衿 著

出　　版　天津人民出版社
出 版 人　黄　沛
地　　址　天津市和平区西康路35号康岳大厦
邮政编码　300051
邮购电话　（022）23332469
网　　址　http://www.tjrmcbs.com
电子邮箱　tjrmcbs@126.com

责任编辑　王昊静
策划编辑　辛　瑞
装帧设计　小　荷

印　　刷　北京毅峰迅捷印刷有限公司
经　　销　新华书店
开　　本　880 × 1230毫米　1/32
印　　张　7
字　　数　141千字
版次印次　2016年6月第1版　2016年6月第1次印刷
定　　价　32.80元

目 录
CONTENTS

第一章　梦想还是要有的，万一实现了呢　1

◎为梦想散发的所有焦虑，都可以用行动解决　2

◎活到老学到老，你有什么资格对你的梦想说迟　8

◎海风很好，沙滩很好，你所有的美梦，都会很好　14

◎心酸时让生活告诉你，每个人都有活下去的意义　20

◎人生不是百米赛跑，不跑到最后你怎么知道你不会赢　28

◎别忘了答应自己要做的事，无论有多难　34

◎如果累了，就哭一会儿再上路　40

◎用一百次失败换取一次成功，我也甘心　46

第二章　我们可以接受失败，但是绝不接受放弃　53

◎赤脚行走沙漠，好过脚上缠着一对枷锁　54

◎不要认为你与他人雷同，造物者不会复制的本领　60

◎你不能掌控别人的人生，却能掌控你自己的　66

◎一花一世界，你无可取代　71

◎把目光放在远处，把梦想捧在胸口　78

◎但凡被荣光遗漏，掌声也许等待在最后　85

◎我们可以接受失败，但是绝不接受放弃　91

◎做你人生的证明题，而不是选择题　101

第三章　生活的理想，就是为了理想的生活　107

◎如果你是一条淡水鱼，深海未必适合你　108

◎人生不如意十之八九，分量重的却是其中一二　113

◎就算你拔光仙人掌的刺，它也依然是仙人掌　124

◎有信心不一定成功，好过没信心一定不会成功　130

◎孤独与呐喊的回声，穿梭在人群中的寂静心跳　137

◎把自由当作一种信念，每个人都是自己的主角　143

◎趁着梦想还温热，请将她写成一首不朽的歌　150

◎不必因时间悲哀，它始终掌握在你手里　156

第四章　实现梦想的人，都是眼含热泪却依然坚持的人　163

◎每一个不曾起舞的日子，都是对生命的辜负　164

◎如果你能让世界上所有人都喜欢你，你才有资格说讨厌自己　170

◎你或许会感谢现在的自己，不曾质疑曾经努力的你　176

◎道路的尽头，永远都会留给一直坚持的人　182

◎被窝和婚姻一样，沉溺一步，都是梦想的坟墓　188

◎没有坚持不了的现在，没有到达不了的未来　194

◎当你距离梦想很远的时候，必须玩命地奔跑　201

◎欲戴王冠，必承其重　208

第一章

梦想还是要有的，万一实现了呢

◎为梦想散发的所有焦虑，都可以用行动解决

有的人每天做的最多的一件事，就是去惶恐自己的人生。当他看着别人获得成功时，往往开始焦虑不安。而能够解决焦虑的唯一办法，并不是无止境地惶恐紧张，也不是望着旁人的成功心灰意冷。

亲爱的朋友，请不要过多责备自己，也不要太过心急。你要知道，这个世界很大很大，大到没有谁愿意去听所有人的秘密。

小燕姐是一个急性子的人。过年的时候她来我家，提着一大包礼品。一见到我爸妈就亲热地问好。她是我老家的邻居，是在一个院子里长大的伙伴，她比我大三岁。小时候那些大人就调侃我俩，说让小燕姐当我媳妇，反正女大三抱金砖，这样一来我也不吃亏。

所以在我流着鼻涕跟在小燕姐身后转的时候，小燕姐就特别讨

厌我。有几次我抢她手里的糖，她往往就会一巴掌给我甩过来。

我这种不知死活的人往往是没有脸皮的。一如既往地跟着她，久而久之，她也不赶我走了。哪怕是后来我在她后面乱讲话，说她和她们班上哪个哪个人好上了的时候，她也一声不吭，最多转过来瞪我一眼。

我小学毕业的时候，小燕姐中考，因为发挥不理想，所以并没有考上理想的高中。小燕姐一家就决定让她读职业学校，去学些技术，到时候也好出来混口饭吃。

那个时候小燕姐选择了学纺织，认为以后毕业了，到纺织厂去工作，不出意外的话，干个几年就升职，然后守着铁饭碗一直干下去。

这样算下来好像也并没有什么不好的。

小燕姐当时并没有什么反抗，就听着爸妈的话，乖乖去职业学校上学了。

小燕姐在职业学校读了一年，就被安排到厂子里了。那个时候我已经读初二了，很少能见到她，有的时候在镇子上遇见，她也是一脸憔悴的模样。我以为是她读书读傻了，后来我才知道不是，是她的父母给她介绍了一个男人。

那个男人比小燕姐大五岁，长得虎头虎脑，随时一脸憨笑。家里有几亩田，也有些积蓄，他跟清秀温柔的小燕姐比起来，简直就是两个档次。

小燕姐当然没有答应，但是父母好说歹说，一直相劝。小燕姐家里除了她，还有一个哥哥。她哥哥还没有娶媳妇，家里情况确实有些紧张，她父母天天就给她施压，一直让她嫁人。终于有一天，小燕姐受不了了，骗她爸妈说去上班，结果偷偷坐车北上了。

第二天她父母才反应过来女儿不见了，年过五旬的两位老人，这才意识到事情的严重性。他们和乡亲们一起在周边村子寻找小燕姐，可是此时的小燕姐早已坐车远去，他们怎么能找到？而潇洒远去的小燕姐只留下一张纸条，上面写着：燕雀安知鸿鹄之志哉？

那时我刚好学了这篇课文，把里面的意思讲给我爸妈听，我爸妈唏嘘不已，我妈红着眼叹息："真希望那娃，不会有个三长两短。"

此后几年，我们家时不时就会给小燕姐家里拿些钱。小燕姐走后两年，她的父母为她哥哥操办了一场婚事，翻新旧屋，哥哥家还添了一个男丁。小燕姐却几乎不与他们联系，每次小燕姐给我们打电话，总会含糊地问起家人的情况。她终究是放心不下。

差不多七年后，小燕姐辗转联系到我家，并提着大包小包来我家过年。我们都很好奇她这些年过得怎么样。

这时候的小燕姐，已经不再是当初的那个农村姑娘了。一身名牌，服装剪裁得体，面容精致，谈吐得当。谁会想到这就是当年那个从职业学校毕业，在厂子里混日子的小姑娘呢？

她把这些年所有的情况，全都讲给了我们听。

本来，从小小燕姐就是一个喜欢画画的人。但家庭条件不怎么样，父母无法供她学画画，因此小燕姐只有自己省钱买绘画书，进行自学。那时她想要的很简单，只要可以继续画画那就是最好的事情。

但是当她进了纺织厂以后，她感到深深的绝望。那段时间，她晚上睡不着觉，一直在问自己：难道我就该这样平凡？难道我就永远要被困在这个厂子里？我酷爱画画，我想一直画下去，为什么就不能实现？

这样的焦虑像恶魔一样，霸占着她每一个白天黑夜。那段时间的小燕姐，面无光彩，眼睛浑浊，像是没有灵魂一般。

而家里给她介绍相亲对象的事情，更是彻底将她推到了悬崖边。她不甘于臣服，所以决定反抗。

她先是去了上海，白天在那里的纺织厂上班，晚上就去夜校读书。甚至报了画画速成班，勤奋的她参加了成人高考，考到了一所不错的美术学院。在美术学院的日子，她兼职给别人画小漫画，晚上在大学外的街道摆摊卖一些小饰品。就这样，她从一个不起眼的外来人口，慢慢在这座城市生根发芽。

毕业后，她四处投简历，并开始在网上发布自己的漫画作品。作品一出，立即引起众人瞩目，她受到高度追捧。

由此，她得到一家知名工作室的邀请。

但人生并非就这样一帆风顺。

从一开始只身来到上海独自打拼，再到后来成为一个小有名气的漫画作者。她从来只相信，只有从现在开始，从这一步开始走，不后退不回头地走，才有机会成功。

在她被别人排挤，受到那些时尚女孩无形嘲讽的时候，她强忍心酸。在她没有报酬，睡在一个小出租房，连续几天吃着三包泡面的时候，她没有想过要回到那个村子里，没有想过要回到那个昏暗没有梦想、没有明天的纺织厂里。

我妈问她现在的情况，她一脸笑意，唇角轻抿："现在自己开了一家工作室，在上海买了房子，已经找到一个男朋友，准备过两天带着男朋友回老家见父母。"

她得先回家，见一见父母才行。

第二天，小燕姐离开我们家，回到了村子里。给家人和村子里的乡亲带了许多礼物，同时还资助了村子里的学校。当时我和她一起回的老家,她的父母早已双鬓斑白,看见她一身鲜丽,抱着她痛哭起来。

她的哥哥牵着胖乎乎的儿子和她嫂子一起，迎接她的归来。

当年和她同届，一起进入纺织厂的同学，大多依旧在纺织厂。有的还是小职工，好点的升到了组长。大多数人结婚生子，不用化妆品不会穿衣打扮，去一趟菜市都计较青菜怎么比昨天贵了一毛半。

我突然很庆幸当年的小燕姐没有继续在原地焦虑，而是勇敢地踏出了第一步。

如果当年小燕姐嫁给了那个虎头虎脑做农活的男人，恐怕也就没有今日真心相爱、互相珍惜的男友。

如果当年小燕姐继续待在纺织厂等着升职加薪，恐怕也就没有这实现梦想的一天。所以，所有的美梦不会白白等着你来实现。

任你惶恐、胆怯，也毫无作用。幸亏小燕姐不甘于此，并且明白，只有付诸行动，梦想才会开始一步步实现。

如果你也有着梦想，并且想要实现它，那就行动起来，不要惧怕累和苦，坚持下去。

毕竟所有好的梦想，都有实现的可能。

◎活到老学到老，你有什么资格对你的梦想说迟

这世间千言万语，不及一件事情动人心魄，那便是长久以来的坚持与默不作声的学习。

遇见朱伯伯是在花明柳媚的春天，那时我正在火车车厢里，心中郁结万万千。关于工作、关于梦想、关于未来、关于爱情，一切好像抵死相缠的线，剪不断理还乱。

准备上火车前，检票口涌进很多人，大多数人面带倦意。许是太漫长的等待，太笨重的行李磨掉了耐性，唯独只有小孩子开心地嬉闹着。从8号车厢走到15号车厢，行人匆匆，行李箱滚过地面发出“轰轰”的响声。火车里的热气扑面而来，味道不怎么好闻。我商量着和邻座的人换了座位，看着窗外飞驰而过的姹紫嫣红，感慨万千。心中

念道：前尘旧事烦恼俗愿，通通都随风去吧。

我座位对面坐着一对从湖南回四川的老夫妻，男人慈眉善目，女人温柔优雅。那位男人自称姓朱，我叫他朱伯伯。仿佛一见如故，朱伯伯面对我，一下打开了话匣子，开始娓娓道来过往种种。他离家已有四十年光景，家乡变化何其大。二十二岁那年，他娶了坐在旁边的赵阿姨，是包办婚姻。那年赵阿姨也不过十六七岁，正是青春大好年华。赵阿姨本是有爱慕之人，不过那人听闻赵阿姨已嫁作人妇伤心欲绝。于是便去了湖南，从此音信全无。

当时的赵阿姨对这门亲事悔恨不已，在冰凉的夜色之下，“扑通”跪地，满脸泪痕地乞求朱伯伯成全她和那个男人。年轻时的朱伯伯，一无所有。长得不够俊俏，没有让人心生崇拜的本事，更没有一技之长。因为酷爱古时名家大师的画作，所有钱财都拿去做了收藏。能够给赵阿姨最好的物质仅仅是破烂的泥巴屋和苟延残喘的老黄狗。当然，还有做不完的家务活。

虽然不舍得新婚妻子，但朱伯伯还是痛下决心，心痛地叹了口气，对赵阿姨说：“赵梅，你走吧，我去给你收拾衣裳，去湖南路途遥远，你一个妇人自己要注意安全……”

第二天赵阿姨就收拾好了行李踏上了去湖南的路，朱伯伯着实放心不下，跟了过去。初到湖南，朱伯伯和赵阿姨的钱财用尽，又没有一技之长，无奈只得进了工厂，以劳动力换取那一分半毛的工钱。别说养活赵阿姨，那时的朱伯伯就连自己都养不起。朱伯伯半个月瘦了十五斤，原本高高大大的一个人，好像一瞬间就瘦成了这副模样。赵阿姨问他为什么甘愿这般为她付出。朱伯伯说，我们还没有离婚，所以我不能让你受苦。

或许是被朱伯伯的这句话感动了，就在那一瞬间，赵阿姨泪如雨下。

赵阿姨对他说："朱军，我不找那个男人了，我想和你好好过。"

这句话让朱伯伯的眼里有了那么一丝光亮。就好像乌云密布里全然挣脱的太阳，那么耀眼。

生活就像一根尖锐的刺扎在朱伯伯的身上，血流不出，有苦难言。那时他做着最累最脏的活。

不敢年轻气盛似的转身走人，因为一转身就是死路，撞死了都不通。

赵阿姨开始心疼朱伯伯，说："回去吧。"

朱伯伯当时说："以前是为了养活你，现在是为了证明我自己。在老家的时候，没钱了搬家里的东西出去卖，自己吃别人剩下的都行。现在可不一样了，回去了就证明自己连最简单的事都不能做到，只是一个懦夫，一个失败者。小梅，希望你能理解我，只是苦了你。"

就这样朱伯伯和赵阿姨毅然决然留在了湖南。两年过去了，朱伯伯与赵阿姨的生活终于有了改善，可是朱伯伯依旧视自己为失败者。因为跟他一同进厂的人也坐上了主管的位置，而他依旧只是个工人。

那年朱伯伯二十四岁。所有血气方刚的年龄里该有的激情、冲动、理想与抱负全都浮现出来。一日傍晚，朱伯伯怒不可遏地打翻了装满热水的脸盆，转身而去，一夜未归。

那一夜赵阿姨不曾合过眼，赵阿姨找遍了所有能找的地方，急得半死。而朱伯伯在山顶，抽了一根又一根的烟，脑海中想着，要一直这样下去，一辈子受苦受累么？答案是否定的。

从那一刻起，朱伯伯更加坚定，誓要证明自己的决心。把自己的梦想先放一放，目的是为了更好地把梦想实现。

又是两年过去，朱伯伯再也没有收藏过一幅名家大师的书画，而他也不曾拿起过画笔，他付出了所有努力去提升自己，并且开始在工厂里学习酿酒技术。不久后，他坐上了主管的位置。又将自己平时学习的酿酒知识教给赵阿姨，终于，两人倾尽所有开了家酒坊。

日子开始好起来，他们还在湖南的城中心买了两套房子。

就这样过了十五年。

信息化的时代彻底来临，BP 机、大哥大到现在的手机。

朱伯伯四十岁时，膝下五个子女，每一个他都觉得不能亏待。他总是尽量想要给他们最好的物质生活，对于实现自己心中向往的画家之梦则是一拖再拖。

朱伯伯五十岁的时候买了电脑，请人手把手地教会了他怎样使用电脑，并且每天自学绘画知识。虽然当时西画盛行，朱伯伯还是专研于国画精粹。他说，老一辈的艺术才是经典。可是当朱伯伯面对国画时，却是那么的可望不可即，因为无人指导更无从下手。

朱伯伯说：“年轻的时候有的不只是梦想，还有一家人的生活重担。如果我不努力早就被主管的棍子打死了，如果我不奋斗连谈梦想的资格都没有。不怕没有希望，怕的是有了希望你又怕苦又怕累。一辈子就这样过去了。”

五十五岁的朱伯伯带着赵阿姨，坐上回四川的火车时，遇见了我。

朱伯伯带了两个箱子，里面装的全是书，有关于太极的、推拿的、书法的，还有国画以及简单的素描与油画。

朱伯伯的脸上总是神采奕奕，在他教给我简单太极招式后，开始跟我说起他的故事。半生的时光，短短几个小时就讲完了，好像当初的苦就是吃了一块坏掉的糖，那么无关痛痒。

聊起我，我笑了笑，说：“或许我比伯伯幸运一些，我从小学习画画，上大学学的也是绘画专业。”朱伯伯神色立马变得严肃起来，小心翼翼地问我：“素描难吗，平时要注意什么，是不是真的可以一会儿就画出个人来？”

见他如此感兴趣，我试探性地问道：“要不我教你一些基础知识？”

那一刻我看见他眸子似住进一个太阳，突然变得光芒万丈，他立马翻出了纸和笔。我看着朱伯伯由于常年辛劳而斑白的头发，不由对他心生敬畏。

朱伯伯说：“要相信眼前的苦难总是短暂的，只要心中有梦，总有一天会实现的。只要还活着就会有希望。”

到站的时候朱伯伯说“有缘再见”，我说“好”，下了这列火车，再见已是不容易。

我不知道你是否和我一样，面对这位有梦想的老人，觉得他心中的信仰是一件完美无瑕的艺术品。太多人口口声声地说着有梦，但是又有各种各样不能实现的理由。

记得在火车上朱伯伯问我，我的梦想是什么。我说我想做一个作家，可是我时运不济，就去学画画了。幸好也很爱画画，刚好填补了我生命的空缺。

朱伯伯问我：“不遗憾么？”我哑口无言，到底是遗憾的。朱伯伯笑着说，“年轻人，有梦就去做，不要怕，我这么大年岁的人都敢，你有什么不敢。活到老学到老，有梦就去做，更何况你还有大把的青春。”

◎海风很好，沙滩很好，你所有的美梦，都会很好

有人穷极一生的愿望，别人轻而易举就能完成，有人不经意一次天赋展露，就能将别人一如既往的付出全然磨灭。这世上原本并无太多公平，它或多或少会使你优越或贫瘠，但当你还有能耐与力量去触碰你的愿望，并离它越来越近的时候，那就是最好的公平。

你所羡慕已久的美景，能有机会完成就已是美事一件。

杧果喜欢别人叫他杧果，他姓欧，但并不喜欢别人叫他欧老师，任教的时候凭着帅气的外表、幽默搞笑的风格和舞蹈底子，有很多女生喜欢他。

一般上着课他就会来一段机械舞，自己随口伴奏，然后又规规矩矩坐下来讲课。虽然已经二十八岁，却还是令父母

忧愁，再过两年便三十岁了，却连个女朋友也没有，这如何不让人着急？

杧果却一点儿也不急。

他教的是心理学，上完课合上书关掉PPT，一下子坐在讲台上，也不管下面坐着到底有多少个学生，便开始聊天、唱起歌来。

有时候讲梦想，聊他曾经喜欢舞蹈，想要一直跳下去。现在却因为小腿受伤，不能再任性跳下去了。他讲他也喜欢哑剧，想成为一名哑剧演员，并想站在世界的舞台上，告诉人们，中国哑剧还有希望，还没死。

他讲完了会就着半凉的咖啡，随意丢一个道具在学生课桌上，扬手在课桌上重重一拍，表情夸张地说："现在我们来讲一讲，你们的梦想是什么？"然后手打着节拍，道具一个一个传下去，在他节拍停下时，课桌上有着道具的学生就需要站起来，告诉大家自己的梦想。

杧果听过很多人的梦想。

有的人想要成为一个踏踏实实为人民服务的教师；有的人想要自己创业，好好撑起自己的家；有的人想要一座大房子，有属于自己的私人空间；有的人，想要当歌手……

有时候他也不会要别人说梦想，他会问学生："说一说，让你们最感动的老师是谁？"

有的人说，小时候在学校犯病，当时联系不到家长，一个老师跑到他家里报信，班主任老师就背着她拼命往医院赶。有的人说，班上女孩子谈恋爱，怀了孩子，父母一气之下不愿多管，老师带着她打掉孩子，照顾了她几天，女孩说，打完孩子出来，身体虚弱得不行，老师看见她苍白的脸，偷偷抹眼泪。

他们讲的时候，有的人红了眼，有的人默不作声，有的人陷入了深深的思考。杧果听着这些故事，上完了一节又一节心理课。

有时主任来检查，他就在一旁继续说着心理学的东西。有时候也索性不管，继续干自己的事情，此时主任就会坐在角落，安静地听完每一个故事，然后在所有故事落幕后悄然离开。

他们都愿意来上杧果的心理学课，原本枯燥又无趣的心理学，在杧果的课上似乎就变得生动起来，像他的舞蹈、哑剧和那些听不完的故事一样，在彼此陪伴的日子里，越飞越高，越飘越远，最后到达了他想要去的地方。

杧果不再任教的时候，曾经选过他课的女生都哭得稀里哗啦，有人给他博客留言，试图让他留下来。他委婉地拒绝，并说出祝福的话，可是这并不能令人满意。有更多女生在他的博客中留言，甚至对他表白，在他拒绝后，那个女生站在学校的天台上企图自杀。

杧果依旧云淡风轻，一如既往地幽默健谈，喜欢舞蹈哑剧。但面对这样的事情，他不做任何积极回应，女孩当然没有事，谁不曾年少，以为那些自以为是的勇敢能撼动别人并换得希望，这是最笨的事情。也是最不值当的事情。

不任教的时候，杧果就会在街头表演哑剧，每一次表演前都精心化妆编排。他的哑剧内容并不如传统哑剧诙谐搞笑，任何一个人见了他表演的哑剧，都会有所反思。

他通常会将人生、梦想和人性的东西加入他的哑剧里，一年后在一次电视表演上，他表演了自己编排的哑剧。

从一颗种子发芽成长，再到长成一朵鲜花，由少女采撷，再凭她丢弃，到她年老后，再遇见同样的鲜花，却不知为何捧花哭泣。

一场哑剧让在场所有嘉宾看得目不转睛，时间并不长，却让人陷入沉思。任谁也不曾想，一个阳光开朗的男人，竟然能将女人的肢体动作表演得如此深入人心。

在这之前，不知他到底排练了多少次，对剧本每一个动作有过多少次修改，表情、肢体的表现力，让观众深深为之折服……

此后，他的作品入围苏格兰国家剧院，他去韩国表演，他是第一个参加那场表演的中国人。往年，在那里的哑剧演员中，从来没有中国演员的身影……

除此之外，他也在全国各地到处表演，在各大校内演讲，推广哑剧艺术，并成立了自己的工作室。

他依旧在街头表演，有时表演太吸引人，连歌手也会停住脚步，看他表演完后才惊觉，待要走时，却早已被歌迷发现。

杧果依然做着自己的事情，完成着自己的梦想。

他时不时会收到以前学生的留言，关切他生活过得如何。他会将自己走过的路程分享给大家，告诉他们，梦要继续做，踏实地做，疯狂地做，总有实现的可能。

杧果听过很多故事，走过很多路，不知是不是因为这个原因，他才会那么勇敢地去走下一步。他最大的成功并非名声多响，而是他坚持自己的艺术，把每一个作品都变成瑰宝，让人捧着珍惜。

有这般情义，又怎么会不走下去。

我曾采访过他，那时的他和现在一样，高高瘦瘦，并没有现在黑，单独聊天也会腼腆，并不像在大庭广众之下那么活泼。他聊了许多有关过往和今后的事情，我询问他成功的秘诀，他却很诧异地说："成功？其实我一直都没有觉得自己成功，因为人是一步一步往前走，没有人会止步不前，也没有人会甘于现状。所以我做的一切努力，都是想更好地走下去。"

我沉默许久，心想，不愧曾经是心理学老师，讲出来的话永远一套一套的，让人听着还真是那么一回事。

和他聊了一个下午，他慢慢地放松下来，话也多了起来。不知不觉，我们聊到了黄昏时分，他提议一起去吃顿饭，我笑着拒绝，我说："艺术上的事情，我不忍心带到餐桌上，谢谢您今天接受我的采访。"

他礼貌握手，道别，与我分头走。我又一阵回味他给我讲过的话，这大概是我做采访以来，最轻松的一次采访了。

在这之后，我关注了他的博客，经常看见他外出表演，获得各种奖项。不知他会在这条路上走多久，用他的话说就是"何时疲惫何时休，对待梦想，我永远都不会疲惫。"

未曾见过大海方才以为海无天宽，未曾许过心愿方才以为永远不会实现。

未曾脚步踏实地走，未曾歌声洪亮地唱，或许才会以为这世上无路可走，无歌可唱。

一心一意只完成一件事情，你可以荒废在朋友圈、自拍、刷微博上面，你给别人点一个赞，再得到别人一个赞。

生命本就虚无，活出精致与质量，走过的路才能成为风景。

美梦很好，愿你成功。

◎心酸时让生活告诉你，每个人都有活下去的意义

青春就是一场不可反悔的游戏，每一个岔路口的选择都是豪赌。当你选择了，就不可反悔，只能顺着自己的路走下去，但你要相信无论如何，这场赌博你都不会败，因为每一朵花、每一棵草、每一片落叶都是属于你自己的风景。那是你的，独一无二。

在每一个大学故事里面都会出现一个胖子，而这个胖子通常都满是喜感，在不知不觉中成为大家的笑料。

我的大学生活当然也不例外，我身边那个胖子叫陆晴天，听起来似乎是个不错的名字，人如其名，他就像晴天一样，仿佛每时每刻的心情都似晴天，一脸笑容。

从大一开始，他就是我的室友，但由于他实在太胖，大家平时

都习惯称呼他为“胖子”，以至于到大三时，还有很多人不知道他的名字，但我们经常可以听到有人喊“胖子”。

“胖子，帮我打一下中午的饭，记住要糖醋排骨。”

“胖子，作业做了吗？来借我看一下。”

“胖子，胖子……”

胖子总是笑呵呵地答应，那笑容用毫不吝啬的词语来形容，真的像一朵花似的。胖子是一个乐于助人的人，虽然我经常认为那是被人欺负，但他总是乐呵呵的，仿佛什么都不当一回事。

而我试图改变他的想法，我说：“胖子，你总是这样被人指使，心里难道没有不舒服吗？”

胖子看着我，很奇怪地说：“为什么要不舒服？这样很好啊，都是举手之劳嘛。”

面对这样的胖子，我突然不知道该说什么，听别人说心宽体胖，我拍拍他的肩膀，装作语重心长地说：“胖子啊，你真是个好人，你以后的女朋友可真幸福。”我清清嗓子，接着说，“所以啊，赶紧去找个女朋友，让大伙都嫉妒嫉妒呗。”

胖子难得的红了脸，我一琢磨，这状况，不寻常啊，我一拍桌子，一张严肃脸向他：“胖子，从实招来，是不是有情况了？”

胖子一抓脑袋，难得的腼腆：“我还没说呢，你别跟别人说啊。”

“那是，咱俩谁跟谁啊。你放心跟我说，绝对保守秘密！”我拍拍胸脯，一副为了兄弟两肋插刀的模样。

“是……是萧雪……”胖子嘿嘿一笑，眼睛里绽放出别样的光彩。我想，这大概就是恋爱的魅力，虽然胖子还只是处于暗恋的阶段。

我好奇地问他：“准备啥时候去表白啊？”

他傻乎乎的回答：“准备愚人节那天去……”

我一愣，然后哈哈大笑起来，开始嘲笑他：“哈哈，我听别人说愚人节就是隐藏的情人节，这句话还真不假啊。你还真准备愚人节去，就不怕萧雪以为你是在搞恶作剧？”

“不会的，她肯定能明白我的。她今天还让我帮她占座了。”胖子认真地回答我。

其实我想说，她让你占座说不定只是因为你几乎帮所有人都占过座了，这不能代表什么。可我一想，处于暗恋中的男人大概都是愚蠢的，女生一点点好意都会让他们以为是暗示，一个笑容也会让他们觉得是默认。

我干笑了两声，终究没有把这句话说出口。

后来胖子度过了很长一段所谓处于恋爱中的阶段，虽然只是他的一厢情愿。但一个人，大概也是可以恋爱的。处于幻想中的、比现实更美好的恋爱。

时间像风一样，在我们还没有反应过来的时候，就已经吹过我们的脸庞，然后远去。愚人节正式到来，胖子买了一束玫瑰，一盒巧克力，难得地将自己打扮得十分正式，在他出门之前，我打趣他："玫瑰、巧克力会不会太俗啊？小心萧雪嫌弃你。"

"看缘分吧，嘿嘿。"他使出他的招牌笑容，"要是她也喜欢我，肯定不会介意这个的。而且你忘了，兄弟我会唱歌啊，唱两首情歌，妹子还不赶紧跟我走。"

他说得不错，胖子唱歌确实是好听，但我现在实在看不惯他穿西装的正式样子，就像是一个裸体演员突然在某一天穿上了衣服，那种感觉十分不自在，我向他招了招手："赶紧去吧，兄弟，我提前祝你成功啊。"

"行！"他很干脆地转身，"兄弟我要是成功了，回来请你吃大餐。"

我看着他自信的背影，突然有一种想要拦住他的冲动。虽然我不知道为什么会这样。

没多久，他回来了。预感成真，他的招牌笑容不见了，一脸沮丧，我难得看到胖子这副样子，想要安慰他，可也不知道该怎么开口。

没想到，他自己先说话了："我本来带着这些东西去教室，想要在所有同学面前向她表白，给她惊喜。但是我走进教室才发现，她和赵想坐在最后一排，他们……在一起了。"

听见赵想这个名字，我突然开始理解胖子现在的感受。赵想是个很优秀的人，学习成绩好，人缘也很好，是班长。最重要的是，他长得比胖子好看，赵想很瘦，样貌也算得上清秀。

我可以理解胖子那种自卑的心理，虽然他并不说。我拍拍胖子的肩膀就当作安慰，胖子没有哭，只是他的双肩一直抖动着，我想他大概是真的很喜欢萧雪。

从那之后，胖子还是胖子，只是我感觉，有什么地方不一样了。后来英语六级的成绩下来了，胖子没过，其实胖子应该可以过的，这次，大概是因为所谓的失恋的悲伤。后来胖子跟我说他要退学。我惊讶了老半天，他说他要去流浪，去很远的地方。我奇怪地看着他："今天不是愚人节。"

提起愚人节，他的眼神又黯淡了些。我有些后悔自己说话不经大脑。

胖子淡定地说："我突然觉得，这样的日子不适合我，过了英语六级又怎么样？读完了大学，拿了毕业证又怎么样？我只想要我想要的。所以，我明天就走。"

"我X。"我忍不住骂了句脏话。

第二天天还没亮，胖子就走了。我想他不想让我送他，可我一晚上都没有睡着，这大概很矫情，但我就是舍不得胖子，这个在大学三年里带给我无数笑料的胖子。

他没有收拾多少东西，只背了一个背包就走了。关门的声音很轻，在我心里却很响。后来，我很久都没有看见胖子。

再后来，我毕业了，工作了，我开始渐渐地适应社会，适应越来越大的各种压力。我时常会想起胖子，想着如果他还在，我们还是可以时常在一起“扯淡”。但他自从离开学校就换了联系方式，我联系不上他。

直到有一次我去丽江，在一家酒吧看见了他。很显然，他也认出了我，他在台上唱完歌，就向我走来。

他与以前不一样了。最明显的是，他没有以前那样胖了。我亲眼看见过胖子的减肥经历，他身上的肉太过固执，以至于我在看到他的时候直感觉有些心疼。但我不会告诉他，因为这样显得我十分矫情。

他点了一杯鸡尾酒，我们聊了一些以前的同学，然后开始讲起他这几年的经历。我想他大概已经很久没有遇到我这样的老朋友了，他显然很高兴，滔滔不绝地讲起来。

他说：“你知道，我是一个胖子。胖子在很多时候都是不太讨人喜欢的，刚来丽江的时候，很多人都看不起我。最开始，我去应聘歌手，老板让我躲在后面，而台上是一个很帅的小伙子，随意的白衬衣，一条有一些破洞的牛仔裤，头发有一些长，浑身都散发着文艺又浪荡不羁的气息，这大概就是来丽江的人所追求的东西，这好像就是丽江的标志。而我在后面真唱，可是唱得再深情、再撕心裂肺，也没有人看见，只有我一个人知道。你难以想象连一个小小的酒吧都会出现这样的事情。但是没办法，为了赚钱。”他又喝了一口酒，很大口，像是很久没有喝过似的，“直到后来，我遇到了我现在的老板，是个女的，这个酒吧生意并不是很好，但她喜欢我的歌，并且她不介意我胖，于是我就过来了。”

我大概可以猜到接下来的剧情：“你们在一起了？”

他回答：“是啊，除夕那天晚上我们都没有回家，我们一起喝酒，都喝醉了。她说试试吧，我本来想拒绝的，但是我不忍心，我觉得…我也喜欢她。她……她是一个很精致的女人。”

胖子好像有些醉了，趴在桌子上。我以为他在酒吧应该变得千杯不醉，没想到他还是和以前一样，根本喝不了几口。

原来，胖子还是胖子。

然后，我看见一个女人走过来，对我笑了笑，然后扶起胖子，离开了。

我现在还记得，那个女人笑得很美。我突然想起在很久之前我对胖子说的一句话：“胖子啊，你真是个好人，你以后的女朋友可真幸福。”

我想，胖子现在大概也很幸福。

所以，请相信我，只要活下去，遵从自己的心，你就会得到你想要的。

◎人生不是百米赛跑，不跑到最后你怎么知道你不会赢

许多人将人生分为一个阶段，并把它取名为“现今”，他们往往把“现今”当成一场百米赛跑，认为跌倒了就意味着输掉一切。

然而他们不知道，人生不是百米赛跑，而是一场漫长的马拉松。你跌倒可以再爬起来，落后了可以养精蓄锐慢慢来，因为不到最后，你永远都不知道，谁才是人生赢家。

这座城市的春天来得特别迟，南方早就一片桃绯春色了，偏这座城市像中了冬日的魔障，一直都在冬眠状态。张铁不喜欢这样的春天。

出租屋的暖气不知什么时候停掉了，他也无暇去顾及，电话响了好久，他都懒得去接听。自从考研失败，他就再也没有勇气面对那

些意味不明的来电。

他缩在被窝里望着窗外不化的大雪，想着月底房租将满，而自己还窝在这里寻不到出路，就沮丧得很。谁有他这么不顺啊，壮志凌云想要一考成名，结果却失败了。

电话还在不依不饶地响着，他坐起来深呼吸，想要看看究竟是谁这么不知死活，却看见来电显示是母亲，他的心一下慌乱了，连忙拿起电话接听。

母亲的声音并未有什么改变，在他一心备考的时间里，母亲每天都会打电话询问他的情况。那时他倒是不担心自己会出差错，一直让母亲放宽心。直到最后知道结果，他才觉得这是上天开了一个荒谬的玩笑。

母亲询问了一下他的近况，并啰唆了一些日常。问他有没有好好吃饭，北方天气冷不冷，这两天有没有加强感冒预防。要是往日，他或许早就不耐烦，以一句“知道啦”搪塞过去。可是今天他却说不出那句话，一直等到母亲说完，他的眼眶也开始湿润。

久未听到他的声音，母亲有些慌乱：“你多久回家？我和你爸在家里等着你呢！”

他哪里有脸面回家，春节刚过，家里的亲戚们都想着他会一展宏图，却不料竟是这样的结果。他有什么颜面去看旁人对父母的冷嘲热讽？

他竟说不出任何话，饶是落魄到如此境地，他也不想回家，又或许他是想回家的。找一份工作，成家立业，与父母一起生活，可是他却隐约觉得有些不甘心。

或许正是这份不甘心，让他沦落到这步田地，他已经几天没有好好吃过一顿饭了。可是他想最后再试一试，他不相信自己竟然会输。他说："妈，我暂时不回去了，我先在这边工作着，实在混不下去了，到时候再回去。"

他母亲知书达理，听他这样一说，再怎么心疼他，也只能尊重他的想法。母亲顿了顿，然后说："有什么困难就告诉我们，我和你爸都支持你呢。"

他心头一热，窗外大雪纷飞，可是他的心在那一霎却如南方艳阳，再也不觉寒冷。

张铁想，就这么一次，拼了！

他全身上下一共只有五百块，这五百块除了下个月的房租，还要生活。除此之外，要将剩下的钱发展收益，又谈何容易？

在小城逛了一周后，他突然有了主意。

第二天，他坐了两个小时的公交车去了批发市场，开始研究手工手链、项链的制作，这些看起来并不容易，但是卖家允诺会送给他一份教程。他在批发市场买了一部分廉价玻璃珠木珠，还有制作工具。

回到出租屋后，他就开始制作手链、项链，虽然是个男生，但是他之前就是学的艺术专业，所以对这方面并不陌生。靠着艺术天赋，再加上色彩搭配出挑，晚上他在大学城卖的时候，就吸引了很多女生的注意。

第二天，麻烦就来了。

大学城的摊位是固定的，必须缴纳摊位费用，他一个不明不白的人来到别人的地头做生意，自然引起别人的不满。他生意那么好，又不给摊位费用，哪有那么便宜的事情？

张轶也不怕事，他个子高，又独身一人，显然是没有负担顾虑的人。但旁人却不这么认为，觉得他孤苦一人，正是好欺负的对象。

他的货品还没拿出来，就被人叫到了僻静处。其中一人问他交不交摊位费，交了那块地头就是他的，如果交不出来，那就收拾东西走人。

从小到大都老实本分的张轶可没遇到过这种事，也不知是不是因为个子高的缘故，他底气很足。他说："钱我目前没有，但这个月的摊位费，可以从我每天的收益里给你。"

那头头就乐呵了，问他想怎么个给法。他也不惧怕，说："我八你二。"他一说出口，其他人就面色不对，好在那个头头并不生气，饶有趣味地看着他，问："你怎么能肯定我会接受？"

张轶也不兜圈子："如果你不愿意，我可以去别的地儿，你不买我的账，自然有人买。条条大路通罗马，我还就不信我能倒霉一辈子。"

那头头又笑了，拍拍他的肩，带着鼓励："成吧，你八我二，宁欺白头翁，莫欺少年穷，我看你将来有出息。"

张轶笑笑，却并不接他的话。

珠链摊位的生意越来越好，却让更多人嗅到了商机，于是张轶的对面和周边，陆陆续续张罗起了卖珠链的小摊。张轶见这样不行，又在批发市场进了一批成色好易耐磨的琉璃珠，那琉璃珠看着就很美，女孩子见了更喜欢。摆在摊子上，比别的摊位显得有品位许多，因此，张轶的生意又火了一些时日。

即便这样，也阻止不了那些人的纷纷效仿，张轶见这样更是不成，于是又想到了另一个法子，就是做不一样的手链。

一般他们卖的手链都是批次进行，一个模板大多可以做很多个出来卖。张轶却换了一种方法，现编现卖，让顾客自己挑选珠子和坠饰，根据自己的喜好来完成手链和项链。这一种营销方式很受欢迎，吸引了更多顾客来照顾他的生意。张轶只要一出摊，摊位前几乎就挤满了人。

在大学城摆了差不多一年的摊位，张轶又觉得这样不可行。

他志不在此，白天除了制作珠链，他还跑遍城市大小角落，研究新的商机，不久他又寻找到了新的发展目标。

于是他白天除了学习和制作，晚上又继续摆摊。这样的日子过了大半年，他拿着摆摊的积蓄，加盟了一家文玩连锁店。

在考研失利的一年半后，张轶的文玩店开张了。在这之前半年，他一直在积累人脉，研究文玩圈，苦心学习，终于得见光明。

文玩店除了卖文玩，他也会卖一些原创的珠链，这时，他的珠链已经有了品牌，不再是地摊上的玻璃珠链。文玩店的生意一直稳定，并在某一时期特别火爆。

每天与文玩打交道，在店内喝茶养花。当年在停了暖气的出租屋里绝望的张轶，怎么也不会想到今后会如此惬意。

所有挨过的苦都值得，并让人无法忘怀。

母亲还是会天天打电话，张轶让母亲和父亲来这座城市，母亲却总说在老家住习惯了。

张轶想，或许一年后，他可以把店开到故里，毕竟那里才是他的根，那里才有他的家人。

而他不需要惧怕“输”，因为他已“输”过一次。

人生就是如此，某一次的失意或许会让你垂头丧气毫无斗志，但是没关系，现在还不能决定最终的成败。

不跑到最后，你怎么知道你不会赢。

◎别忘了答应自己要做的事，无论有多难

每个人在儿时都有个自认为很伟大的梦想，但当我们逐渐长大，最后步入社会，回头来看，似乎那些梦想也没有那么伟大。但是，你有没有试过坚持下去，无论你的梦想是什么。

元昊做梦也没想到自己真的可以开一家陶艺馆，他从小便痴迷陶艺，无论彩釉青花，还是素色陶器，只要是与陶艺有关，他都觉得微妙神奇。

总觉得陶艺能带他通晓古今，只要他触碰陶艺，便久久无法释怀。他喜爱青花瓷、红瓷、亦钟情毛瓷与刻花瓷。

若说他最喜欢、最痴迷的，便是釉下五彩瓷，它的纹样缤纷却艳而不俗，淡却有神，色彩浅淡之中蕴藏着变化。每次一遇这种花色

陶艺，他便忍不住顿足欣赏。

他已忘记自己是什么时候喜欢上陶艺的了，时间太过久远他无从想起，只记得那时每天下午放学，他都要绕远路回家。因为那条路上有家瓷器店，许多精美的瓷器就摆在橱窗里。他最喜欢里面的一件瓷器，那瓷器是花瓶状，瓶颈极细，瓷如白玉。瓶身上清荷晨露，荷叶嫩绿，清荷旁立着蜻蜓栩栩如生。

只要一见到这瓷，他便连家都不愿回了，每当日落之时，才恋恋不舍地回家。那时同学都喜欢各种玩具，只他偏好陶艺。虽然这爱好有些古怪，也有些让人捉摸不透，但他就是痴迷。他只要见到那陶艺，便再也不想挪动脚步。

终于，他的秘密被母亲发现了。在一个初夏，已是日暮西陲，橱窗里摆了新陶艺。他趴在橱窗外仔细欣赏，想要深深观察它的美丽。耳朵却被人重重一提，他还来不及回神，就听见母亲破口大骂：“我还当你用功读书，没想到放了学你不回家，留在这劳什子地方鬼混个什么劲儿！”

他只觉耳朵要被拧下来了，他疼得“哇哇”大叫，却还为自己辩护：“我不是来鬼混！我是来看陶艺的！”

“看这些破罐子做什么！”母亲手上扯得更加厉害，威怒之间连双目都喷着火一般，元昊那时觉得母亲真是疯狂得可怕，不可理喻得可怕。他来不及再做任何解释，就被母亲拎回了家。

那时他们的家庭条件与同龄人比较，他家显然是要优越一些的。父母从不亏待他吃穿，母亲每天起来第一件事就是为他做早餐，他去上学时还不忘在他书包里放一瓶牛奶，还会给他一些零用钱，让他肚子饿的时候买东西吃。

家里就他一个独子，自然十分疼爱。父亲倒是一个老好人，媳妇与儿子都不愿得罪，每当俩人有了矛盾，媳妇教训孩子时他都选择睁一只眼闭一只眼，等媳妇教训完后又立马去哄孩子。

可是这一次，他竟然有些哄不下了。

元昊并不认为看陶艺有什么错，但母亲却认为那不是他该看的，认为他现在最重要的就是学习。母亲还说："等你长大了有本事了，你想看什么就去看什么！想买什么就去买！我不干涉你！"

这句话气得元昊差点儿从窗户跳出去，但他随即想到自己家是在一楼，转身进了房间，"啪"的一声关上了门。

他在房间内听见母亲"哇"地一声哭了出来，随后是父亲细细碎碎的安慰。他心中逐渐泛起酸意，为什么在母亲眼中，看陶艺就是不正经的事情？他喜欢看陶艺，这就是没出息了吗？

但自那之后，他再也没有去过那家陶艺店。他怕自己去了万一被母亲知道，母亲又开始不依不饶。

很多年后元昊还是会忆起当时，当时母亲的坚持，与他的坚持。

他们两个像是在进行一场无形的较量，让他从开始到后来，都只能选择缄默。

在那一段时光里，元昊都以为自己输了，不是输给母亲，也不是输给陶艺，而是输给了自己。

之后的许多年，元昊都认真踏实地读书，他还是会偷偷关注有关陶艺的东西，有时被母亲发现，母亲也不会再像当年那样发火。或许也意识到他已经慢慢长大，有了自己的思想，她再怎么管教，也不会百分百顺着自己的心意。

上了大学后，元昊加入了学校的陶艺社。他本来就喜欢陶艺，这么多年一直都在偷偷摸摸地自学，许多书本知识早已深深地印在他的脑海里。

暑假的时候他去兼职，母亲也知道，却不知道他去的是小时候常偷看的那家陶艺店。店主并不认识他，只觉他很眼熟。他说了自己与这家店的渊源，店主顿时与他一见如故。一晃多年，店主不禁感慨他对陶艺的喜爱竟然能坚持到如今，并欢喜他能来陶艺店兼职，元昊也是极欢喜的，虽然并没有多少报酬可以拿。

暑假两个月的时间，让元昊第一次亲手接触制作陶艺。从练土、成形、阴干到素烧、妆饰、装窑，再到最后的本烧。他一边吸取制作陶艺的知识和手法，一边虚心讨教学习。店里的许多陶艺作品都是店主完成的，小时候最喜欢的那副清荷陶艺，也是店主的作品。

元昊一不做二不休，索性认了店主当师父，店主也乐意，手把手悉心传授元昊手艺。暑假结束后，元昊与师父约定好，每年寒暑假，只要有时间，都去陶艺店和师父相聚。

大学里的陶艺社，人倒是挺多，但是大多都只有三分热度，社团活动参加个一两次就再也不愿来，只有元昊从头坚持到尾。

到了第二年，元昊担任了陶艺社的社长，那时他的陶艺作品还很稚嫩，远远不能与师父相比，但是他极有天赋，他的第一件陶艺作品就是在师父的指导下完成，他觉得作品太过寡淡，却不料师父啧啧称奇。

师父说："我学了几年才有你学了几个月的水平，你就知足吧。"

元昊想，其实从头到尾，他不过都是靠着喜欢罢了。

他学的是土木工程，父母巴心巴肝地希望他毕业后能去当个建筑设计师，但他却并不感兴趣。元昊毕业后被父亲安排在一家公司实习，他在公司整天恍恍惚惚，都不知道自己在干什么。老总跟父亲说了他的情况以后，父亲火冒三丈，质问他为什么不好好干。

也就是在那时，积累多少年的委屈才在元昊心里迸发出来。他说："你要我好好学习，我学习了，你要我考土木工程，我考了，现在你安排我进那个公司，我也进了。你把我的人生安排得天衣无缝，我就像个木偶一样被你操纵，但是你却从来没有问过我愿不愿意。你和妈都是同一种人，你们以为我没有思想没有理想，但我是有的，我是有的啊！我也有自己想做的事啊！”

那是元昊自懂事以来，第一次当着父母的面痛哭。他也努力地想要当好建筑设计师，可是那一切并不是他能掌握的。他心里总是觉得很空，像是失去了很宝贵的东西。

那一晚父亲在客厅一宿未睡，天亮时元昊起床准备洗漱去上班。父亲把他叫住，问他想要干什么，元昊说：“我想开个陶艺店，在我喜欢的地方。”

一个月后，南方一座古城里多了一家陶艺店，店的主人叫元昊。

他每天做着喜欢的陶艺，摆在橱窗，过往的旅客喜欢的就会前来欣赏，他的作品深受旅客喜爱，所以陶艺店的生意一直都不错。

师父称赞他的坚持，还将陶艺文化融入了南方那座小城。没过两年，元昊不仅还了父亲开店的资助，还在那座古城买了一套房，将父母接到了那座小城养老。

可见有时热爱与坚持，并不是坏事。

若他当初选择妥协，泯灭了心中的喜爱，或许他如今也会是一个出色的建筑设计师，却再也没有了热爱陶艺时的灵性。

陶艺就像上天赐给他的财富，他不等候、不空守，只拔足前奔，勇敢拥有。愿你也有这份勇气，奔跑前走。

◎如果累了，就哭一会儿再上路

人生在世，很多事不是从一开始就注定好了结局，道路的尽头是何种风景，驻足的人永远不会知道，只要还存有一点儿希望，还没有心灰意懒、还没有碰得头破血流，执着与勇敢的人，终究会走到终点。

半夜写完稿子刚要下线，容若的头像突然亮了起来，我们平时不联系，但是一联系肯定是有要事。

本来昏昏欲睡的我，赶紧振作精神，点开容若的头像。

弹出来的对话框里躺着一句话："青衿，你觉得最难过的时候，是什么时候？"

我没有马上回复她，手指在键盘上敲了敲，这才发过去几个字："你怎么了？"

过了好一会儿，容若才发过来一行字：“我有点儿难过。”

“好吧，我已经做好当垃圾桶的准备了，你可以吐了。”我开玩笑似的发过去一句话。惹来的是容若哭笑不得的表情，还有两个字：“讨厌。”

紧接着，是她对自己家庭和工作上的不满情绪的倾诉。

我忽然想起来，刚认识容若的时候，她还是一个小网编，不知道在哪个不知名的群里，正好加上不知名的我。

但是口气仍旧小心翼翼，她说：“你好，我是XX网站的编辑，如果有稿子，请尽情地砸我。”

因为当时我也对写作这个圈子懵懵懂懂，想着这个不知名的网站，跟容若哼哼哈哈几句，但是其实并没有放在心上。

正当我为某个网站的稿子写得头痛不已的时候，容若又敲我，说她已经换了网站，希望能够继续支持她，我放弃正纠结的稿子，点开她的头像，开始跟她聊天，聊她为什么不在以前的网站，聊我正头疼的稿子。

虽然我没有给过容若稿子，但是容若却真心地提点了我几句，她说：“其实写文也没有那么难，你想写什么，多学习，多看，多积累，然后写出自己的风格，并且坚持下去。”

也许这话说得很朴实，可是对当时的我触动很大，因为我当时正在纠结要不要坚持写下去。

从那一次聊天我们俩就算真正熟悉起来，她是一个小透明网编，我是一个小透明写手。

说不上相互扶持，但是有什么烦心事，总会互相倾诉一下。一晃三四年过去了，在写作这条路上，我好像走得没有一般人顺利，但偶尔也会有惊喜给我。

而容若在编辑这条路上，走得也不算顺风顺水，但是却越做越好，从一名小网编到出版社的责编，档次立马就高大上了，她从一无所知的小网编，到现在每天都忙得脚打后脑勺，在这背后，她付出了很多努力。

也许别人做一个出版社的编辑很容易，但是容若就要付出比别人更多的努力才行，一切只是因为学历。

我记得有一次等容若吐完苦水，我笑着问过她："那你想怎么做？"

容若想了两分钟，然后发过来一句话："我想辞职。"

我哑然，迅速问道："为什么辞职？要知道你现在顺风顺水，在出版这方面也获得了很多经验，积累了很多人气，现在放弃不是等于宣告以前的努力全都白做了？"

我问过去这句话之后，容若的电话就打了过来，她在电话那头叹了一口气，说道："我不是放弃，而是我觉得，以我的学历就算做得再好，也不可能有更高的发展，与其每个月只拿五六千块的工资，不如拼一下，我想去深造，完成我年少时未完成的梦。"

我愣了愣，问道："你要去读成人大学？"

容若在电话那头笑了，我听出来，她是发自内心的笑，那种笑声让我忽然没有那么紧张了。

“那么吃惊干什么，人生总需要一步一步走，我中间漏了一步，必须要给补回来啊。”

虽然不赞同容若放弃现在的成绩，但是朋友是用来干吗的？就是在关键时刻，当所有人都反对你的时候，站在你身后支持你的。

我知道容若是一个敢想敢做的姑娘，所以我尊重容若的决定，放弃现在的成绩，去读成人大学。

两年过去了，容若顺利毕业，在此期间，她在某知名网站上连载的小说也受到了追捧，就在我以为她会选择当一名全职作家的时候，容若继续投身于编辑的行业，并且是从编辑助理开始做起。

有一天我约容若喝茶，容若神情倦怠，但是心情却是很好。

古色古香的茶室里晕起一种漫山遍野的茶香，容若用她那小巧的鼻子嗅了嗅，说道：“还是你有良心，知道我最喜欢喝绿茶。”

我笑，轻啄了一口，口齿留香，享受之后才说道：“你这算什么？不撞南墙不回头，还是不到黄河心不死？就跟编辑干上了？明明有更好的出路，怎么就不知道变通？”

容若眯着眼睛喝了一口茶，然后伸了个懒腰，缓缓说道：“我知道你说的是什么意思，但是我总是不甘心。”

我知道容若的不甘心指的是什么，起初在做出版社小编辑的时候，有一个竞争对手，同样的销售量，几乎不相上下的成绩，在竞争一个职位上面，容若甚至更努力。在那些日子里几乎都是想破脑袋做文案做到后半夜，然后再早起给作者提建议，跟作者一起改稿子，明显后来的成绩比竞争对手好很多，但是却被一句学历不高给打回原形。

这件事是容若心里的一根刺，不拔永远不会舒服，所以她选择重回编辑界，我虽然颇有微词，可是也算鼎力支持。

看着她重新开始，我佩服她的勇气，看着她继续熬夜做文案，培养作者，我赞叹她敬业。

只不过今天她吐完口水之后，我又问道："你想要说的不仅仅如此吧？"

容若发来一个悲伤的表情，然后打过来一行字："我太累了，青衿，我太累了。"

不知道为什么，看到容若发过来这句话的时候，我竟然有种如释重负的感觉。

我知道容若一直憋着一口气，不到极致她是不会示弱的，我真担心她要是一直这样下去会不会憋出毛病，好在她还知道喊累。

我找出电话拨过去，过了好一会儿，容若才接听电话，带着浓重的鼻音，我问她："干吗去了？"

"去厕所哭了一会儿不行吗？！"容若用强势掩饰尴尬，我继续调侃她："别把楼下的小孩子吓哭了。"

"我住一楼！"

容若的话音刚落，我俩同时哈哈大笑起来。

那次哭完之后，容若更像是打了鸡血，每天奋斗在编辑室，继续花费心思做文案，尽管一些作者还是让她发狂，有些同事仍旧排挤她，距离她的目标还是很遥远，但她依然在坚持。

时间过得很快，一年半后，容若忽然要请我吃饭，我欣喜赴约，酒足饭饱后，容若才神秘兮兮地跟我宣布，她已经坐到副主编的位置，工资涨了两千块。

我看着容若容光焕发的样子，由衷地笑出声来。

人生不就是这样吗？不管你选了哪条路，都会有风浪和荆棘。但是跌倒了再爬起来，失败了再重整旗鼓，累了歇一歇，委屈了哭完再上路。

只要坚持下去，路的尽头，总会有属于你的一片美景。

◎用一百次失败换取一次成功，我也甘心

有信心不一定成功，好过没信心一定不会成功。有信心的人，可以化渺小为伟大，化平庸为神奇。

小恩是我教过的最特殊的学生。

因为小时候的一次医疗事故，造成了小恩双耳失聪。

小恩那个时候才五岁，五岁的孩子，高烧到昏迷不醒，一觉醒来却发现以前熟悉的世界已经变了个模样。

春风拂过杨柳的沙沙声，夏日里蝉鸣蛙叫的吵闹声，金秋邻里间相约割稻谷时的吆喝声，母亲拍着他低唱的摇篮曲，父亲出差回来给他带礼物时喊他名字时低沉悦耳的惊喜……他都听不见了。

为了安慰小恩，小恩母亲辗转了很多大医院，可是得到的结果

都是一样的，小恩从此只能戴着助听器，可是无论是多昂贵的助听器，小恩只能听到很微弱的声音。

小恩的母亲曾经跟我说过，到了小恩能够上学的年纪，她几度挣扎，想要把小恩送到聋哑学校。

可是看到小恩水蒙蒙的渴望的眼神，她放弃了把小恩送到聋哑学校的打算，扛下家里所有的反对声，把小恩送到了正常学校。尽管小恩将要面临的也许是同学们在看到他耳朵上的助听器时异样的目光，或者是十分吃力才能跟得上老师讲过的课程。

但是小恩母亲说，当她把小恩送到正常学校时，小恩的眼睛亮得犹如天边的启明星，那一刻，她知道她的决定没有错，这样也许是对小恩最好的做法。

小恩母亲说，小恩刚读小学的时候，有一次她去接小恩回家，发现小恩的校服领子皱皱巴巴，多处都弄脏了，助听器也没了。

小恩母亲在跟小恩交流之后，才知道小恩在下课的时候，因为一个同学嘲笑他，并且上前扯他的助听器时，忍不住跟对方动了手。

小恩母亲愤怒之余，心中更是一阵铺天盖地的疼痛。

找老师理论的结果是当时情况有所好转，可是每隔一段时间，这样那样的小情况还是会发生，小恩母亲一气之下给小恩转了学。

本来家里想趁着这次转学让小恩读聋哑学校，小恩母亲这回把小恩叫到面前，语重心长地谈了一次话。

她一字一句地大声说道："你想像正常的孩子一样去正常的学

校读书吗？”

小恩眼眶泛红地用力点头。

小恩母亲继续一字一句地说道：“你要想清楚，也许你还会遇到类似的刁难，也许还有更让你意想不到的事情发生，你还愿意去正常的学校吗？”

小恩想了很久，重重地点头。

小恩母亲终于忍不住，紧紧地抱着小恩哭了很久。

直到小恩上了中学，成为我班级的一员。当时知道班级里会有一名特殊的学生时，我颇为担心，因为这不仅仅有关班级的成绩问题，还有更多生活上和学习上的问题。也许科任老师在赶课的时候，语速会加快，顾及不到小恩的听力状况，也许班级里也会出现小恩小学时的情况。

后来在开学第一天放学后，我找小恩单独谈话，我不习惯大声说话，但是我为了照顾到小恩，说得很慢，有时候也重复几遍。

小恩在我第二次重复说话的时候打断我，用一种说不出来的怪异的语音，朗声对我说道：“老师，我懂唇语，您可以不用重复。”

也许在当时我脸上的表情是那种被戳破心事的尴尬，镇定之后，我点头，用正常语速问小恩班级习不习惯，有没有同学欺负他，老师讲课的内容跟不跟得上……

小恩一一回答我，在跟我作别之前，小恩笑着对我说：“老师，谢谢您的关心，我能够做到跟别人一样。”

小恩离开之后，我坐在座位上回想起他刚才那种自信的笑容，心中说不上来是什么感觉，不过能让我确定的是，小恩是一个十分要强的孩子。

初一第一次月考成绩下来，我特意留意了小恩的成绩，小恩竟然是全班第十一名。

虽然在三十个同学中，这个名次不是最靠前的，可是对于其他正常的孩子来说，小恩得付出更多的努力，小恩的成绩也无疑给很多人一记无声的耳光。

我没有故意在学生面前夸奖小恩，只是在课下的时候，单独夸奖了小恩，希望他可以再接再厉。

但是小恩的情绪似乎不太高，只是点点头就离开了。

我就这件事和小恩母亲做了一次电话家访，提到小恩的成绩时，也顺便谈到了小恩的情绪，我问道："是不是我没有在班级同学面前表扬小恩，所以小恩情绪失落了？"

小恩母亲犹豫了一会儿，才说道："应该不是。"

我疑惑更大了，追问道："那是因为什么呢？还有其他的事让小恩情绪不高吗？是不是在班里受欺负了？"

为了班里同学能像正常人一样看待小恩，我开学的第一天特意把小恩支开到别的老师那里，给班里学生开了一次有关小恩的短暂班会。

小恩母亲听到我着急，连忙说道："不是的，不是这样的，小恩很喜欢现在的班级，也很喜欢你。”

“那是为什么？”

见我不死心，小恩母亲终于说出实情：“小恩太要强了，对自己的要求太高，觉得这次考了第十一名，成绩不好，所以有些难过。”

听到这个理由后，我竟然一时之间不知道说什么好，心中五味杂陈，说了几句无关痛痒的话之后就结束了跟小恩母亲的通话。

也许是小恩的身体情况让小恩加倍努力，想要证明自己和别人一样正常，还是小恩本身就是一个要强的人，想要名列前茅？

因为相处的时间太短暂，所以我无法判断。

后来我发现小恩在下课的时候，都会趴在桌子上小睡一会儿，因为这件事我又跟小恩母亲沟通，小恩母亲说小恩只是因为晚上学习有点儿晚，这才出现白天犯困的情况。

我问小恩几点休息，小恩母亲说基本上天天都是十点往后。

我被小恩持之以恒的毅力感动了，于是经常厚着脸皮去各科任老师办公室逛游，借着谈话的时机提一下讲课的时候可以慢一点儿，因为我们班的学生比较笨。

科任老师哈哈大笑，只有我心里知道，我说了一个善意的谎言。

不管怎么样，科任老师还是有意地放慢了一点儿速度，然后我发现小恩果真不再在白天打瞌睡了。

以后的每次考试小恩竟然都固定在班级前五名，有一次还考了第三名。

而小恩就成了我们班级的榜样人物。

如果你认为小恩的故事到此结束了，那就错了。

初二下半学期，学校要举办班级歌唱比赛，我们班级选的班歌是《团结就是力量》，文艺委员布置两天学会，第三天挨个检查，检查的方式就是每个人都要到黑板前面唱一遍，证明自己学会了。

放学的时候，小恩主动找了我，也许因为这两年来，小恩的表现都太正常，所以我几乎都要忘记小恩是个听力不正常的孩子。

我有些尴尬地问道："是不是有困难？"

小恩笑着摇摇头，一脸认真地问道："老师，只要我不唱错拍子就行了吧？"

我点头，当然，唱歌只要拍子对，声音整齐就行了，因为这是大合唱嘛，还不就是那么回事！

结果第三天，小恩给我们所有人都上了最生动的一课。

小恩是最后一个上去接受检查的，当他开口的那一瞬间，我们班级所有的人都安静了下来，在小恩唱第二句的时候，已经有调皮的学生忍不住笑了出来，接着更多的人笑了起来，因为小恩虽然没有唱错拍子，但是基本上是干巴巴地念出歌词，哪里叫唱歌？！

虽然大家笑了他，小恩的脸也红得像熟透的番茄，但是他依然坚持唱完，一字一句，像是敲打在我们的心上，每一句歌词都在传递着两个字，自信！

等小恩唱完，全班掌声雷动，甚至有很多同学偷偷擦了擦眼角的泪花。

再后来，我们班级在全校的班歌比赛中获得了第一名，领唱的是小恩。

小恩毕业后，不负众望地考进了市内重点高中，每当放月假的时候，他总喜欢提着水果来看我。

有一次我问小恩："记得当初班歌比赛吗？你是怎么做到的？"

小恩羞涩地笑道："我相信自己能做到！"

看着小恩意气风发的模样，我恍然大悟。

人生就是如此，不管你曾受过什么样的伤害，不管你经历过何种苦难，只要你相信自己能行。也许正如萧伯纳所说的那样："有信心的人，可以化渺小为伟大，化平庸为神奇。"

第二章

我们可以接受失败，但是绝不接受放弃

◎赤脚行走沙漠，好过脚上缠着一对枷锁

如果让你选择，一是让你自由自在地行走在沙漠中，虽脚下无蔽屣，却可以随心所欲。二是脚踝套上一对枷锁，在闹市中缓缓前行。

如果是你，你会选择哪一种呢？

第一种，没有人群，没有闹市，没有你想要的一切繁华美景。只有漫天黄沙，偶尔有海市蜃楼，或者绿洲一片。但若是你虔心行走，一定能走出沙漠。夜间星空碧蓝，你躺在广袤无垠的沙漠中，是孤独与自然的较量。

第二种，身在闹市，远离沙漠。这里有许多人，你夹在人群中间生活，与他们一起谈笑，但脚下枷锁永远不能打开，所以注定你的脚步不能放开，你也必须得承受这异样的眼光，不然，就得承受比这

更厉害更痛苦的煎熬。

这两种选择，是林子告诉我的。

在我的众多朋友中，林子是一个很温和的人，他从来都不发脾气，或许这和他有所信仰有关。他热爱画画，喜欢诗歌，以卖画写诗为生。他常常漂泊到各个城市，站在流浪老人的身边，一边给路人画速写，一边把画速写赚的钱送给流浪老人。

偶尔停歇的时候，与众多朋友一起，喝茶写字，朗诵诗歌。日子过得随心所欲，外人看起来十分浪漫。

但事实却并非如此。

事实上，任何一个北漂的人，都不可能任性妄为地去做事情，更何况，是一路北上的林子。

几年前他给我打电话的时候，他大学毕业，才到北京。本来可以在当地做一名美术老师，自己却不甘心，一路北上，想要谋个更好的出路，却还得靠摆摊卖画为生。

我当时沉默了，因为我知道，这一行没有表面上看起来的光鲜。其中许多不为人知的辛酸和痛苦只能自己去扛，外人无非是将你作为茶余饭后的几许谈资。越是表演得泣不成声，越是让人感觉看了场好戏。

而对一些知心的朋友，又有谁愿意让他们担心呢？

一路颠簸，我看着他流浪在一个又一个城市之间，最后又回归北京，看着他头发长长短短变个不停，却不再是那个青涩懵懂的少年模样。

任他日明月西风皆变凉，不再见少年郎。

林子一路走一路拼搏，虽走在沙漠，却始终相信有朝一日终有绿洲在前。

大概是一年前的样子，林子的画在北京的某个展览馆里展出，那个时候他很兴奋地给我打来电话，语气里竟然有点儿哽咽。

这么多年，在北京摆过地摊，游走在大街小巷，背负着理想往不同方向行走，多多少少都有想停顿的时候。他却始终不曾放弃。

我在他的画作展览之前赶到北京，他面容消瘦许多，却依然神采奕奕，眉目间洋溢着光彩。我在展馆里与他相遇，他一看见我，竟然眼眶一红，差点儿哭了出来，我走过去轻轻拥抱他。

太多的话都说不出来，在这一刻，均为无声。

那次展览后我在北京停留了几日，和林子一起。林子初来北京的时候，暂时歇脚的地方就只能在三环外。这么多年，他也习惯了，而现在，他住在北京宋庄，那个艺术家聚集的地方。

我不知林子有着怎样的心情，但是我能看得出，一直默不出声安静画画写诗的林子，其实等待这一刻已经很久了。

半年后，我在外地出差，听到林子新书出版的消息，那是林子第一本诗画集。我虽然不知它能否大卖，但我知道这个年轻人，靠着自己的努力走过荒漠，朝着绿洲渐渐靠近。

我给他打电话，我说："我把地址给你，你的银行卡号给我，我买几本书。”

林子答应下来，待我将地址给他，却见他发来一条短信：“能够想到我就已经很好了，我送你一本，希望我们都能一如既往。”

这个时候的林子过得也不怎么顺心，办过画展，住在宋庄，却也焦虑着画集销售的问题，喜欢买诗画集的人本就不多，我见他如此，唯有叹息。

过了几天，我收到了林子的诗画集，还有当年他初到北京给我画的画像，那一瞬间我突然很感动。

看着他的字在扉页留有墨香，不禁眼眶一红，替他高兴。

前几天我去北京出差，去了一趟宋庄，恰巧他也在那里。他留我住了两日，他的庭院破破烂烂，他在庭院里种满了花花草草，并养了只白色的哈巴狗，和一群出色的画家一起，白天一同饮茶，晚上一起喝酒。

好像忘记这繁华都市的忧愁不安，在那里，一切都是远离尘嚣的快慰和安然。

可是世事并非如此简单。

当初的林子选择放弃美术老师的工作，一路北上，就相当于选择放弃了温饱、安定却套上枷锁的生活。

我不知他是否曾经后悔过，后悔不曾留在那一方小城。在城市里朝九晚五工作，背着画板只为教育，待到工作疲惫之后，回家还能有一顿热腾腾的晚饭，不必为了生活而操太多心。

不知他是否后悔，留在这样一个大城市，看不见未来到底有多远，不知道多远才是尽头，只有不知疲惫地奔跑，与同是沙漠中的人惺惺相惜，互相鼓励。

我知道，留在小城的林子将来一定会后悔没有去过沙漠，会后悔自己未曾打破脚下的枷锁，更会后悔日复一日的生活让自己变得不再年轻，渐渐麻木。没有梦想，只有酸苦。

我知道，行走在沙漠中的林子虽然受到风吹雨打，却也看见了另一番景色，这是旁人所不能遇见的。

有多少人，因为父母不忍心的劝告，开始认命地选择留在平凡安定的小城。有多少人也和林子一样，明明踌躇满志却甘心停顿。

生活并不残忍。

残忍的是我们不肯相信自己。

不肯相信自己能穿越沙漠，找到绿洲。不肯相信自己能一路坚持，能咬牙忍受风吹雨打的各种风险。

用这些理由来让自己心安理得地放弃，才是致命的懒惰。

我要返回的前一天晚上，我和林子两个人坐在他的房间里喝酒，推开窗，外边田野开阔，夜空璀璨。

偶有蛙叫虫鸣，夜风习习，催人入梦。

我们各自饮着一瓶酒，他讲着这么多年的心酸与成就，滔滔不绝，脸颊泛着酒后的红。

他说，到了一定时候，他也会遇见一个好姑娘，两人结婚生子，并且拥有自己的生活，自己的家庭。

到那时，他也不会放弃现在的路程，他只会告诉自己的子孙，沙漠里虽然艰辛，却有许多闹市所没有的美景。

如果不惧怕，那就尝试一下。

不然，世人哪能知道沙漠中有着什么，又心怀畏惧呢。

我沉默，笑着和他对饮，不远处田野边一群年轻人，围着一团篝火，抱着吉他在田边唱歌。歌声不见得多动人。却依然让人恍惚。

“在很久很久以前

你拥有我我拥有你

在很久很久以前

你离开我去远空翱翔

外面的世界很精彩

外面的世界很无奈

当你觉得外面的世界很精彩

我会在这里衷心地祝福你”

男男女女的歌声飘荡在田野上空，篝火映着他们的身影，看不清他们的表情，但可以从歌声里听出愉悦和轻松。

林子和我不自觉地跟着那歌声一起哼唱：“每当夕阳西沉的时候，我总是在这里盼望你，天空中虽然飘着雨，我依然等待你的归期……”

◎不要认为你与他人雷同，造物者不会复制的本领

有很多人会觉得自己不如别人，又或是与许多人相同。那么，我来问你一个问题：壁炉需要柴火才能燃烧，每根柴火大小不一，那它就不会燃烧了吗？答应肯定是显而易见的，不同大小的柴火都能够燃烧，虽然燃烧时间的长短不一样，但它同样会完成自己的使命。

你应当知晓，这世间并无完全相同的人，纵然一树的花果，也有所不同。当你失意怀才不遇，处在磕磕碰碰难以抬头的时刻，请不要忘记，这世间你就是你，是完全不一样的焰火。

阿册每晚都会去三条街以外的小吃街，那里有家烧烤摊是他的根据地。烧烤摊是朋友开的，一到晚上生意太好忙不过来，就会请些人手帮忙。刚好阿册失业，索性在朋友的烧烤摊帮起忙来。

阿册家原本并不在这座城市，他的父母很不情愿他来这座城市打拼。自高中毕业以后，父母就一直为他的未来担忧，“阿册，你就在离家近点的地方安安心心找个工作，谈个媳妇安定下来，有什么不好？”

父母用心良苦，他没有考上大学也并不埋怨，也觉肩上的重任少了许多。阿册一开始也很听话，选择在离家不远的厂子里上班。

厂里工作是有关铅和磁铁的，时间长了，对身体危害很大。从别人口中得知那些危害后，还没有结婚生子的阿册有些慌乱，跟父母说了这个情况。

父母虽然很想让他安定下来，却更不想让儿子有个三长两短，所以阿册辞职后，他们想的依旧是他能够就近找一个安稳的工作。

可是没想到阿册却去了另一座城市。

但好在这座城市有认识的朋友，阿册没有想过要在这座城市生根发芽，他心中念叨的并非是烧烤摊和出租房，他有更远大的理想，但这些都不是一朝一夕能够完成的。同时，完成这些需要耗费巨大的精力、物力，他现在还没有那些资本。

每晚帮完忙后，大多都是凌晨。小吃街上的人在慢慢变少，有几个喝啤酒聊着天的人会逗留很久，但最后都会摇摇晃晃互相搀扶着离开。

阿册在客人走得差不多时，就会拿出吉他开始弹唱。

一首歌接一首歌地弹唱，有的是他自己写的，有的是一些年代久远的老歌。他的声音像是一股清泉，让这个烧烤摊变得不再那么乌烟瘴气。

有时候来吃烧烤的人会一起听他唱歌，听着听着就抹眼泪，也有人看阿册不顺眼，他那副小白脸的样子实在招惹五大三粗的男人忌恨。况且有的还带着心仪的姑娘或者女友，阿册这一唱就更不得了了。

有一次来吃烧烤的是几个混混，其中有一个人戴着一条大金链子，光着膀子，背上文着一只老虎。他们坐下来和几个小姑娘一起吃喝喝。到了最后，阿册的歌声完全将姑娘们吸引了过去。大金链子一见势头不对，故意挑事，把摊子给砸了。

朋友不敢声张，只能求阿册要么闷声帮忙，要么就不要去烧烤摊了。不然这样的事情再多几回，和这些人结下了梁子，就会变成一件难以挽回的事情了。

阿册并不知自己错在哪里，他更多的时候在想为什么大金链子会对自己有所成见，难道是他会唱歌，而大金链子不会？每次想到这里，阿册就觉得心里豁然开朗，他不再去朋友的烧烤摊，而是到大街上开始卖唱。

这座城市有着不少的卖唱人，也分为几个档次。有的手脚不健全，趴在能拖动的板子上握着话筒唱；有的能站立着唱，旁边摆着一个大音响。他们靠着博取大家的同情来获得生活保障。

而阿册不一样。

他只有一把吉他。坐在街角，把吉他打开，吉他包就当作放钱的工具，然后就靠着街角开始弹唱。

有时去桥边，有时在商店门口，一边弹一边唱，还是唱老歌或者自己写的歌。这一次再没有人看他不顺眼，因为在别人眼里，他和乞丐并没有什么区别。

阿册不知自己会卖唱到何时，对他来说，只是单纯喜欢唱歌罢了。但是现在他不唱歌会饿肚子，不养活自己就无法养活在家的父母。

本来，在老家那个厂里他可以过得安稳一些，不用每天风吹日晒，不用看旁人各种各样的脸色度日。他漂泊在这座城市，像是一个透明的气球，在无声的风浪中飘得越来越高，最终再也看不见最初的面容。

但这样消极的日子并未持续多久，大抵是深知自由重要，阿册决定攒下路费去下一个城市继续唱歌。

说来也巧，阿册在这个城市最后一次卖唱，遇见了之前砸烧烤摊的大金链子，他坐在阿册身旁听了一下午。虽然依旧黑着一张脸，但言语中却对阿册有了一丝敬仰，“你唱歌很好听，很有感觉。如果有什么需要帮忙的，可以来找我。”

阿册听了他的话，有些受宠若惊，一直说着谢谢。大金链子觉得是自己把他害成了这样子，心里也不痛快，不好意思地说：“我开了几间酒吧，你可以到那里唱歌。”

阿册以为自己听错了，但当大金链子掏出名片给他的时候，阿册才知道自己没有听错。他去大金链子的酒吧唱了一个月，每天都唱自己写的歌，原本浮华不堪的酒吧，慢慢能够使人坐下来喝酒了。

一个月后，阿册拿着工资去了下一个城市。他知道，一个地方若是待得太久，必定会让人生厌。虽然那个大金链子同情他，但保不准哪一天，因为身边的漂亮姑娘，不会上来砸他的吉他。

阿册一路走一路唱，虽然积蓄不多，却走了很多地方，干着自己喜欢的事情。大多数人会说，一个人能成功，运气、时机和贵人都是必不可少的条件。

阿册或许有遇到过贵人，或许年轻就是最好的时机，却偏要到最后才收获自己的运气。阿册一路唱到西藏，那里有许多和他一样的人，最终却是不一样的。书上说，这样的人在一起叫作志同道合。

阿册和他们一起唱歌，晚上坐在屋顶看着繁星，白天围在一大桌子上吃饭喝酒。没有人问他曾经干过什么去过哪里，只有喜欢听他唱歌的人安静地听着。

在西藏待了三年多，阿册和一个朋友回到了杭州，那个朋友这三年来与阿册同吃同住，到了杭州阿册才知道他曾是一个音乐策划人。

一年后阿册出了一张专辑，但并未大卖。却又因为这张专辑上了几次电视，让阿册有了一些忠实粉丝。

他在杭州开了一家小酒吧，放进了这些年来的风风雨雨，也给人写歌，也自己唱歌。后来他和一个粉丝结了婚，并把父母接到杭州来住。

结婚典礼上，那个策划人朋友是他们婚礼的司仪，阿册竟然还联系到了那个做烧烤的朋友和那个大金链子。烧烤朋友还在做烧烤，只不过已经有了一家店面，专门经营纸上烤肉。而大金链子参加他的婚礼时，除了给了他一个大红包，还和他做了兄弟。

但阿册没有告诉他，这么多年自己其实很感谢他。

当初是他砸了自己的梦想，在他快要支撑不住时又给了他希望。那个时候阿册才明白，自己和别人是不一样的，坚信自己的梦想是会发光发热的，所以他与别人完全不一样。

◎你不能掌控别人的人生，却能掌控你自己的

在必须感觉我们终将一无所有前，你做的让你可以说，是的，我有见过我的梦。

在宇宙洪荒的罅隙里，渺小如我们不能替任何人做决定，唯一的权利就是决定自己的人生。刚出生的我们双手注定空空如也，命运和道路也都是虚无的东西。双手抓不住的东西，用心就能做得好，不要去惆怅接下去的人生该怎么走。没有人一懂事就知道自己的路要怎么走，想要怎样的生活就要用心将它过成想要的样子。

梓瓷是个正在念高二的小姑娘，跟所有十七岁的女生一样，平凡的样貌，不突出的身材，甚至有淡淡的晒斑，唯一好看的眼睛也被鼻梁上横着的眼镜挡住了。在外面是很温顺的女生，常常被夸脾气好，

没有其他优点就只有这种被发的好人卡。梓瓷心里很落寞，他们都不知道她的强项其实是画漫画，连同进出的闺蜜也不知道。

但是梓瓷在家里脾气很暴躁，跟母亲总是因三言两语不合就吵了起来，这个年龄的女孩子特别容易跟亲人发生冲突。梓瓷一时心血来潮就离家出走了，她想看看家里人会不会出去寻找自己。小女生故作娇纵以渴求得到关心和注意力的心理很常见，家里人也清楚，有着任她走也走不出多远的念头，所以并没有追去。

第一次离家出走十分缺乏经验。她刚刚洗完澡，湿着头发，只穿了拖鞋，连手机和钱都没有带。闷热的天气很快便将她的薄衬衣打湿，热着热着，她突然热出眼泪。如果高考失败了，那样的话，就更加不会得到关心了吧。明明已经那样努力了，努力去背数学公式、背英语单词、看作文范文……而得到的却是不及格的数学、中等的英语和语文。写千篇一律的作文让她感到无力。终于有一次，她遵循自己的心意写了一篇与众不同的文章，结果可想而知。老师拿着她的作文本在讲台上看着她笑，对着全班同学说：“同学们来看看我们的语文课代表写的作文。题目是“我的梦想不是梦”，她写她的梦想，她想当一个漫画家，脱离高考的压力，随心而动。”这么一个梦想，居然会招来哄堂大笑。一定只有成绩高高在上的人才有出路，才有资格谈梦想吗？她想，这真是个不公平的世界。

身旁不知何时来了个喝得烂醉的老汉，梓瓷红着两只眼睛，没有心思搭理他。醉老汉打了个嗝，突然凑到她面前说：“你这种小姑娘我见得多了，无非就是考试考砸了吗！哭什么鼻子呢？”她说：“你有过渴求的东西吗？”

“当然有啦，酒啊。”

记忆到此就告一段落，距离那个软弱无能的夏季已经半年，再过了这个冬季，就要高考了。

靴子踩在雪地上发出咯吱咯吱的声响，一个隆冬的寒冷已经将匍匐于地上的黑暗覆盖得严严密密。可是它终究是在潜伏着，等待一个适当的时机，便能重新出来作祟肆虐。

梓瓷低头看见一片白茫茫的雪，她用手捧起一小撮雪花。不是小说里写的六棱角形状，也不是才女形容的如柳絮。它们在她手中像日常生活中庸俗的盐，不消片刻便融化成水。不是所有理想化的东西都可以变成现实，自小所想要画漫画的梦想会不会只是像那个醉老汉所说的，只是痴人说梦。手心斑驳的掌纹是不是就是所谓的命运？如果是的话，能不能是自己掌握自己的人生。

梓瓷温暖的掌心一下子变得湿漉漉，一直蔓延到心里。

梓瓷曾无数次梦见高考失败的自己，挂了一科又一科。亲戚嘲笑扭曲的面容，父母痛心的责怪，“当初叫你别选艺考，你硬是不听，现在自毁前程了，我看你怎么办？”

半夜父亲听到她的哭声，赶来搂她入怀，她用力地汲取怀抱的温暖。这样的温暖，一不小心就会失去吧。扪心问自己是否已经足够努力了呢。

于是她开始每天面无表情步履匆忙地在学校和家两点之间穿梭，学校的试卷白花花地翻飞似白鸽。每天晚上熬夜到凌晨三点，清晨六点顶着黑眼圈上学。她开始大把大把地落头发，头发开始变黄、分叉。哥哥说再这样下去你就要成尼姑了，她笑笑说无所谓，只要能考上，做光头又如何。

梓瓷以为她内心已经放弃画画了，但后来的一个人使她拨开迷雾重新见到了晴天。那个人是陈安妮。

即使没有选择艺考，梓瓷也考砸了。她站在灯火通明的大操场，一言不发地流眼泪。父母的电话没有接，朋友也没有联系。明明已经那么努力，甚至拿了自己的梦想作赌注，还是输得一塌糊涂。

她循环了一夜《失恋33天》的插曲，张悬幽幽地唱："在必须感觉我们终将一无所有前，你做的让你可以说，是的，我有见过我的梦。"

第二天梓瓷就收拾了行李去了北京，打算做北漂一族。安妮是她在那里认识的一位志同道合的好朋友。

她在北京破旧的旅社里遇见陈安妮，正好都是因为不够钱被店老板拒之门外，真是不走向社会不知外面的艰辛。她抱着两只行李箱在门口等雨停，隔壁站了位同病相怜的女生。她百无聊赖地过去聊天，才知道她叫陈安妮，也是因为喜欢漫画才来到北京。还没聊完就有个很帅的男生来接安妮，就是后来红遍网络的《安妮和王小明》里的男主角。王小明说找到了一个地下室，租金很便宜，但是会有点儿吵。就在他们要走的时候，安妮转过头问她，"梓瓷，要一起来吗？"她呆呆地牵住了安妮的手。

于是她们就在三十平方米的地下室开始为各自的梦想奋斗。安妮说梓瓷的漫画让人耳目一新，但是要学会在电脑上作画。她开始从头学PS、DC、PT。每天画了又画，还是不满意的居多，眼镜看的东西越来越模糊，她知道是度数在增加。觉得自己手笨得很，鼠标也完全不受控制。梓瓷有些垂头丧气，安妮说是她内心太浮躁，静不下心来去学。于是她试着放空脑袋，一横一圈联想结构，渐渐也深得其道。

安妮说，她相信命运是掌握在自己手中的，就算只有百分之一的概率，她也能够发光发热。

后来《安妮和王小明》在网络上爆红，她们开始有了一个小小的工作室，越来越多的伙伴向她们靠拢。

再后来她们想到做一个app，让所有热爱漫画的人都有表现自己的机会。是啊，毕竟已经不是一颗糖果就能降服心魔的年纪了。人大了，野心也大了。她们想要画出被大家认可的漫画，想得到熠熠生辉的机会，希望有一天自己也能大声地喊出来，是的，我见过我的梦。

但是渐渐地碰到很多困难，资金周转不灵，没有工资发给员工，被很多投资商拒绝。那百分之一的光芒差点儿要熄灭，命运也差点儿要脱手而去。

然而，随着app的上市，《快看漫画》也深受网友欢迎。随后投资商纷纷回来找安妮，她们的万元大赛也举办得很成功。

◎一花一世界，你无可取代

或许是因为听过许多大道理，所以在安慰别人的时候头头是道。但当自己有所经历时，却容易陷入魔障，无法自拔。

然而这世间许多困惑，如果安顿脚步，停歇片刻，或许答案就在你的手中。

梅露没有见过我养的白兰，所以来家里做客时自然而然要去后院看一看，她很吃惊，指着院子里纤细的白色花朵问我：“这么香的味道竟然是这些花散发出来的？”

我说：“你应当没有见过南方的白兰吧，我们这里叫它黄果兰，开花的时候很香，花期时街上常有人卖这种花，女人喜欢拿它别在胸前，走路时微风中都余留着香味。”

她啧啧惊叹，看了许久的白兰。我猜她有想抢的心思，赶紧说：“你还是省了这份心吧，这个在北方只能盆栽的，养着也麻烦，我就不麻烦你了。”

她这才悻悻然收起了心思，进屋时还恋恋不舍地望了一眼庭院里的白兰。

那白兰姿态清雅，一副独立傲然的模样，香味却又惹人喜欢的很，所以极少有人不喜欢它。平日都是我的家人帮我打理，所以我也不怎么会收拾它。但梅露却喜欢得很，在她的再三央求下，我赠了她一纸袋的白兰花。

梅露是我北方朋友里为数不多个子矮小的一个，她的衣服大多都是童装，不仅如此，她皮肤天生黑，与古天乐的肤色无异。好在五官精致，鹅蛋脸大眼翘鼻樱桃嘴，也正因如此，她才没有因为矮小和皮肤黑而感到自卑过。

但在她带走我一绣袋白兰的几个月之后，她却突然在深夜打电话对我哭诉。哭诉的事情很多，大抵是她暗恋了几年的男生有了新女友并且准备结婚，她也曾看着他身边女友换了又换，却始终没有自己的位置。

而公司又出了盗窃案，她设计的作品被偷得一干二净，并难以追查回来，一切心血白费。绝望之时家中传来姥爷病逝的消息，她连最后一面都没能见上。

屋漏偏逢连夜雨，接二连三的打击于她而言无疑是雪上加霜。她在电话那头泣不成声，问我："我能怎么办呢？你告诉我，我能怎么办啊？"

我倒是没想到，几个月前还与我谈笑风生的人会遭遇这般变故，我安慰她，但这些安慰并不能改变实际问题。

她需要一个倾诉的对象，而我或许只需要安静聆听就可以。

但我却并不想一直缄默，我说："这些不好的事情总会变好，若不能变好，终有一天，它只能成为过去。"

她听后止住眼泪，挂掉电话之前对我说："我过几天去找你。"

几天后，梅露出现在我面前。她面容憔悴了许多，大概是因为太过疲惫，眉宇之间总有一股挥之不去的哀伤。

她一把抱住我，我却只能不停对她说："都会过去的，都会过去的。"

我与她吃日本料理，她却没什么食欲，难题摆在眼前，一直困扰她的思绪，哪里还吃得下去？我叹气："你以前最喜欢寿司，今天却连筷子都不动一下，难道你想浪费食物啊？"

听了这话，她方夹了块寿司，面无表情地吃了起来。

梅露在我家待了三日，第四日，她执意要走，说是只给公司请了一周的假期，她还要用两天的时间重新休憩。

临走时我送了她白兰的枝条，用于盆栽，我告诉她种植方法，并叮嘱她精心呵护。她接下，眉宇终于舒展一些。

过了两日，她给我打电话，说已经回家祭奠了姥爷，准备回公司重新完成任务。因为他们是与其他公司签的合同，而她的设计又悉数被偷，对方公司已经答应延缓几天时间，但如果不重新做一套设计出来，就必须得赔偿违约金。

我问她有无头绪，她在电脑那头轻笑两声："原本是没有的，但现在有了。"

我也不方便多问，于是又安慰了她几句，这才挂了电话。梅露的性格一直都有些倔强，有些时候不撞南墙不会回头。虽说如此，到底也是小女生性子,大多时候拿不定主意的事情她会询问别人的意见，但其实这个时候她心里已经做了决定。

我想或许，她已经知道了今后要怎么走下去。

我每晚都会与她聊上几分钟的电话，询问她工作的进展。有时听见她周遭环境嘈杂，以为她在外面闲逛，谁知她说："我们设计部的都在加班呢，我哪有时间闲逛啊。"

然后匆匆聊几句就挂掉电话，有时子夜一点，她会打电话问我，语气疲倦得没有丝毫活力："你说我，到底该不该坚持下去？"

我说："至少你认为是对的事情，就该坚持下去。"

接下来的几天她都没有给我打电话，当我以为她的难关将要渡过去的时候，她又心如死灰的告诉我，因为这套设计对方不满意，所以决定取消和他们公司的合作。

老总因为这件事大发雷霆，因为这份设计而终止了几百万的合同，让他怎能不上火。而所有的火气都源自于那神秘的小偷，老总气急败坏地指责梅露没有保管好设计图，又训斥她让设计部的人陪着加了这么久的班。

一向倔强的梅露在那一刻没有抬头，她怕一抬头，就被老总发现了眼底的泪花。她要保护好自己的尊严，也要保护好自己唯一的骄傲。

她辞职了，当着老总的面，冷静又沉稳。她说：“老总，虽然我没有什么让人瞧得起眼的本事，但我也不是拿给你这样践踏的。”

她一把撕了会议记录，个子矮小的她站在那个北方男人面前，就像一个不懂事的小姑娘。但她有着无所畏惧的勇气，所以，她不怕。

“我现在是无业游民，你愿意收留我几天吗？”她问我。说完这些，她变得轻松了起来，而我也松了一口气，笑道：“家里多了一个免费保姆，我当然愿意。”

梅露骂我是黄世仁，说誓死也不会让我的阴谋得逞，但在第二天她就抱着一盆盆栽，拖着一个行李箱站在了我家门口。

住在我家的这几天，梅露天天在网上投简历，有时会接上一两个电话，往往没聊两句就挂掉了。梅露又开始抑郁起来，特别是在收到那个心仪男生的结婚请柬之后。

我以为她不会参加婚礼，没想到她毅然决定要去。她说："反正都要随份子钱，不去吃一顿也太说不过去了。"

我怕她抢婚，死皮赖脸地跟着她一起去了。

那个男生很温柔，见着梅露就像见着老朋友那般，梅露笑着对他和新娘送祝福。我看着她应对自如，觉得自己是白担心一场。

但婚礼开始的时候，她坐在我旁边，手攥成了拳头。我拍拍她的手背示意她放轻松，在新娘新郎拥吻的时候，我看见她眼角的泪光以及隐忍的表情。

但我假装没有看见。

参加完婚礼后，梅露就像换了一个人，继续在网上投简历，也开始设计一些自己喜欢的东西，终于，一家国际公司对她抛出了橄榄枝。在她确认面试后，高兴得一晚上都没有睡着。

第二天，梅露带着自己的设计去面试，面试很成功。那些高层对她的设计赞不绝口，她回家趾高气扬地对我说："有的人有眼不识金镶玉，以后有他们后悔的。"

我说："对对对，有他们后悔的。"

梅露咧嘴一笑，自从几个月前她的那通电话后，我再也没有见她这样笑过。

半年后，梅露的设计作品被拿到欧洲展出，她成了业内一匹名声响亮的黑马。2012 年 7 月，她开始了她的蜜月旅行。

丈夫是她的“铁杆粉丝”，为人善良，待她温柔。

我问她有没有想过如今会这么幸福，她沉默了半晌，方才回答我说：“以前我没有想过，但你送我白兰枝条的时候，我就想过了。”

我不明就里，她说：“如何能把枝条养活，并让它开花，确实是一个技术活，但如果嫌这样麻烦就放弃，就会错过它所有的美好。而我也同它一样，想开出那般独特的花，拥有那般清幽的香，怎么能坐以待毙呢？”

我不禁赞叹她情商高。

无畏艰难险阻，在需要做决定时昂首毅然，坚定脚步。或许，就能收获不一样的美好。毕竟，每个人都是这世间独一无二，无可替代的存在。

◎把目光放在远处，把梦想捧在胸口

人人都会做梦，可并不是所有梦境都不会成真，无论你是沉淀着、痛苦着、坚持着、还是等待着。唯有相信自己，梦想才会相信你。

无论世界曾经多么混沌危险，而你势单力薄，但当你拥有足够的力量，微风和阳光都会靠近你，时光欠你的，最终都会还给你。

阿西曾经跟我说过的最多的一句话就是：“我知道路还很长，但我还是想一直走下去。”他穿着一双白色但是已经开始泛黄的破烂球鞋，肩膀还是单薄的，站在街角的路灯下，动也不动，像是一只魅影，蓦然就让人忽略了眼前还在淅淅沥沥下个不停的小雨。

我想起某一年的四月，我和他坐在楼顶的边缘晒太阳，世界在那一刻变得格外安静。后来过了许久只听见他对我说，“喂，你有梦想吗？”

我和阿西从小就认识，却不是诗词里“郎骑竹马来，弄床绕青梅”的那种。因为我从小就是个沉默寡言的孩子，安静乖巧几乎事事听从父母的安排，对着大人也会礼貌地微笑。

可阿西不是，他小时候也很沉默，可后来年岁渐长，取而代之的却不是大人们所谓的“成熟”，而是让他们家所有人都坐立不安的“叛逆”。

小时候大人们是很乐意我和阿西一起玩的，因为那些太过活泼的孩子经常让他们感到头疼，刚刚好，我和阿西的沉默总是让他们更为省心。毕竟童年时可以不用去理会生活与世俗，包括一切人情世故，他们并不觉得沉默会影响你的人生。

因为阿西从小就对色彩有着与生俱来的敏感与热爱，他的父母还专门将他送去美术班学习绘画，在我们小学还没毕业的时候，他家里的奖状和证书，就已经是家长们时不时挂在口头的谈资。

可能年幼时我和阿西都不懂，什么叫作梦想，它还潜伏在沙砾底下未曾涨潮成海，只是一个小小的端倪，不过分美丽，同样也遇不见过多阻力。

后来，我仍然和阿西读了同一所中学，我依然不算活跃外向，但因为安静温和的性子，也有许多人愿意与我相处，因此渐渐有了许多新的朋友。可阿西的不言不语却让他显得那么孤单，他的个子已经长得很高，站在人群里总是一眼就能够认得出来，然而每次放学，即便他是在拥挤的人群里缓慢往前走，我也觉得他身旁总是空落落的。

他仍然会在周末风雨无阻地往绘画班跑，他的书包里仍然装满了各色各样的画具，学校周年活动的海报都是他设计的，班级里偶尔需要出几期黑板报，老师也总是交给他，并且会在班会上很认真地夸奖他笔下漂亮的作品，以及过人的天赋。

我更加知道，阿西并不是不想和更多的人做朋友，我曾经亲眼看见他和一群年纪相仿的男孩子在篮球场打球，脸上是少年独有的阳光与鲜活。

后来休息的时候，不知他们说了什么，忽然就讨论到阿西画画这个事情上，阿西很兴奋地跟他们说："我想要变成像塞尚一样伟大的画家，我想像他一样，用颜料和明艳的色彩来表达自己的思想，还有斗争。"

而那些稚嫩的少年，他们什么都不懂，他们在阿西将自己的梦想和盘托出，并且希望得到热切回应的时候，只是哈哈大笑着对阿西说："这小子做什么大梦呢，完全听不懂他说的什么哎。"我看见阿西眼睛里的光突然就暗了下来，他把头转向另一个方向，望向远方。

那一刻，我很心疼他，我冲过去拉着他的手往前跑，就像朝着夕阳的深处奔去，我对他说："阿西，我能明白你的，总有人能明白你的，我知道你想要成为什么样的人”。而在那一刻，他紧紧地握了握我的手。

初中毕业时，我却没能像之前一样，再次跟阿西读同一所学校，那个时候他已经偏科得厉害，中考成绩很不理想。而他的父母已经决定，不再让他继续学习画画，原因是他们觉得，阿西已经这么大了，他需要优异的成绩，以后考好的大学，画画总不能当饭吃。

就在中考期间，还是四月的时候，阿西在一个温暖的午后偷偷喊我出去，趁着午休，他带着我避过老师们巡视的目光，到教学楼的楼顶晒太阳。他闭着眼睛，双手张开，做出飞翔的姿态。我吓得要死，又不敢有所惊动，生怕一不小心打扰了他，他就真的飞出去，再也不回来了。所以坐在他身旁的我，身体僵硬得像座雕塑。后来过了许久只听见他对我说：“喂，你有梦想吗？”

我已经忘记自己当时究竟有没有梦想这个东西存在于心中，因为那时候的我，知道父母想让我好好学习，于是我就好好学习，他们为我安排好了路，我就照着那条路走，我不忍心让他们失望，因此并没有仔细去思考过梦想这个东西。

我对阿西说：“也许吧，阿西，我知道你的梦想，知道你一直在努力，你所做的都是我没有办法去做的，在我眼里，你就像个勇士。”

他转过脸来，笑着对我说：“我相信，总会有人能够明白我的，就像你一样。”阳光把他略微停顿的脸照射得特别柔和，他说：“你也要加油。”后来，我就很久没有再见到过他。

我一直都拥抱着再平凡不过的生活与命运，沉默的小学，简单的初中，忙碌的高中，平和的大学，我一步一步地按照这个世界大多数人的脚步在行走，几乎不曾有过行差踏错。所以在我跟父母提出要辞职，出去旅行一段时间的时候，他们一瞬间都保持了沉默。

而第二天当我打开房门的时候，他们却一起对我点了头，我不知道他们在看见我灿烂的笑容时是否感到由衷的欣慰。我不再想沉默地一言不发，做个不悲不喜的人生路人，而这些年他们大概明白，我一直安静不去争取，却过得并不十分开心。

在此之前，我又遇见阿西，那个孤单的勇士，沉默的叛逆者，终于还是回家了。而我和他，已经有太多年没有见过面。

这些年，断断续续地，我也听说过关于他的种种。曾经是逃课，请家长，放弃高考，一个人离开家做了自由画师。后来是许多杂志插画上的署名，整整一个版面的访谈，和各个书店里他的作品集。有些是从街坊们的口中听来，有些是我自己亲眼所见，总之不管怎样，阿西还是做到了，关于梦想，关于他自己。他其实一直激励着我，像是一面镜子让我慢慢正视自己。

我们还是约在多年前的教学楼顶上，重新见到对方的时候，彼此竟然丝毫不觉得陌生，久不相逢，仍是故人。他还是坐在我身边，还是安静又清瘦，可是再也不会让我觉得，他会忽然飞走，让我看不到踪影。大概紧握住梦想的人，都会与之紧紧依傍，愈发成熟。

我还是忍不住问他说：“当初，你放弃高考，一个人离开家的时候，真的不会害怕吗？”“怎么不会呢？”他歪歪脖子对我笑，“是真的会害怕，可是我更害怕去过连自己都不知道自己想要什么的日子，我爸妈不让我学画画，可我就是爱画画，我学习成绩并不好，我知道自己无法达到他们的期望。”

“可是，你有没有想过，万一你失败了，该怎么办呢？”

“你总是想太多。知道吗？人并不怕在梦想面前失败，失败了大不了再爬起来，知道自己想要什么，并且为之坚持下去，这是一种冒险，而不是盲目的放弃。”

我想，我果然还是不够了解他，大概就像他说的，我总是想太多，所以生活才会始终不那么自在。我也学着他当初的样子，张开双手，做出飞翔的姿态，那时候我怕得要死，现在只觉得释然，我说：“阿西，我想我能够明白了，我们每个人都应该把目光放在远方，而梦想，无论自己现在有没有遇见，要相信总有一天会将它捧在胸口。”

“哈哈，这就对了。过几天，有没有兴趣跟我一起去旅行，去外面走走，也许会有新的方向和感受。”

“嗯。其实我正好有这个打算，阿西，谢谢你的归来，”我对着阳光大笑，转过头去看他，“不过这次，我想一个人走走。”

和阿西沿着相反的地点一路走远的时候，我始终在回想从年少到现在，我曾经的青春和逐渐沉淀的岁月是否一无所用。想想又觉得怎么会呢？我们所经历的人生，无一不是为了让我们在日后某个时刻明白，什么是得到，什么又是失去。

这一生遇到的所有的人和事，都是应该被感谢的。你要好好看清楚，哪里是你的远方？而你的梦想，又被你遗失在哪一个角落？

◎但凡被荣光遗漏，掌声也许等待在最后

田中芳树曾说过："每个人都想把手伸向夜空，去捕捉那属于自己的星星。但却极少有人能正确地知道自己的星星在哪一个位置。"

而我们要做的就是不动声色地积蓄力量，找准时机，厚积薄发，这过程漫长又艰辛，一定要忍耐等待，最后一定有属于你的星星和巨大的惊喜。

太多人以张爱玲的"出名要趁早"这句话作为自己的人生信条。整容、傍大款、抑或是走偏门，好像每一条路都是康庄大道，金光闪闪地吸引着不少人。也许这些人不清楚这条路的深浅，一个不小心就会被淹没，连骨渣都不剩。周恒看着这些人步履匆匆地去往那条成功的道路，然后他一步一脚印，每一步都比从前更扎实。他知道那条路

上风大，根不扎稳会被吹走。

毕业三年半，周恒从一个不打眼的实习生做到如今赫赫有名的大律师很是费了一番功夫。

几年前他不是人人追逐的“何以琛”，几年后的今天他却是人人羡艳的“何以琛”。从小到大都是处在人群中毫不起眼的人，当青春期的孩子们发现有荷尔蒙这个激素存在的时候，周恒懵懵懂懂地看着周遭女孩子悄然隆起的胸部和自己弄脏的内裤，小心翼翼地维护着自己悄然心动的初恋。

然后小心翼翼地维护着那个女孩子，喜欢阳光洒在她肤如凝脂的面庞上，再看着有人温柔地把她的长发别在耳后。有时候穿过时空，他一度以为站在那个女孩子身旁的人是他。

那个女孩子梳着马尾，简单的白 T 恤牛仔裤，很好看的样子，喜欢班上成绩最好的男孩子。少不更事的时候总觉得认真做题的男孩子很有魅力，周围总是围绕着不少女孩子，周恒喜欢的女孩子也在其中。周恒那个时候就在想，是不是我成为第一名，她就会喜欢我，就会偶尔回头看看我。

这是青春成长中的第一次算不上疼痛的暗恋。

高考放榜，周恒去了南开大学，念的政法，一所算是很不错的大学和很不错的专业。少年时喜欢了几年的女孩不知所踪，他感谢那个明眸皓齿的女孩，要不是她，他也不会想要努力。

原本以为，到了大学，四年一晃即逝。殊不知，南开大学人才济济，每一个都比他更优秀、更努力，好不容易冒出来的可怜的优越感，一下子就被打回去了，好像再也爬不出来了。

也曾破罐子破摔过，一度堕落，放逐自己，却被辅导员几句话给打醒，句句走心。一个大男孩的眼泪活生生地被另外一个男人给说出来，有些丢人。他窝在被子里想，是不是又需要谁来刺激他一下。

后来家里来了通电话，确实刺激了他，刺深了，有点儿痛。

周恒的爸爸在工地上摔了腿，落下残疾，家里的重担一下子就落到了他的肩上。从家回校后，收拾起他放逐的灵魂，认认真真地学习，准备考研。周末出去给人做家教赚取自己的生活费，爸爸治腿是笔不小的开销。

每个人在生活面前都显得格外的不容易，那个时候周恒就在想，我一定会出人头地，一定会。颇有些豪情万丈，那时他相信他是可以的。

有个全国类的比赛，报了名，可是学校派出去的比赛名单下来了，没有周恒的名字，一阵挫败。其实他准备了很久，花了很多心思，熬了很久的夜。

气冲冲地跑进教导主任办公室，问：“为什么？”

教导主任笑呵呵地问他：“你觉得把谁换下来让你去比较合适？”

无比挫败地回到了寝室，是啊，派出去参赛的每个人专业知识都比他扎实，实战能力也比他强，他不服不行。

'You can you up , no can no bb !'

他想这样的事只能允许出现一次，男人的失败只能有一次。

这是青春年少的第二次失败，比失恋更痛的是没人承认他的实力。他走得慢就要不停地走，一刻都不能停，停下来他就会被别人甩在后面。

那个时候的周恒就在想，都是他的惰性害的，看着如今的他是很努力很拼搏，可是还不够，他得和自己的弱点比，赢了自己才能赢别人。

剩下的大学时光，周恒都泡在图书馆和做兼职上面，偶尔一放松，时不时给父母寄点钱回去。

经常穷得吃泡面，周围的人打趣他："泡面哥。"周恒不语，咬咬牙，再咬咬牙，就熬过去了。脑海里时常浮现出父母含泪的双眼和要他努力的话语，想着肩上的责任，不得不坚持。

毕业后，考研没考上，好不容易应聘上一家律师事务所，实习期未满就被辞退了。

理由是他做事不严谨，保留着一股书呆子气，时常送错文件，要不然就是看错数据。经过大学时的磨炼，他已经有了过硬的专业知识，可是律师是个非常严谨的职业，一点儿纰漏都出不得，出了差错，毁的是代理人的一生。

走的时候，跟带他的老律师说了句对不起，然后头也不回地离开了。

他真的错了，他知道，他感谢这家事务所教会他的道理，他也自责自己所犯下的错。

这是第三次失败。

经历过一些事，懂得浮华终究会被风吹散，深入泥土，扎稳根基才能不被风雨摧残。后来在另一家事务所，一待就是三年。

从最基本的做起，跟着老律师处理大小事件，做事情之前反复斟酌考量，不敢再出一丝纰漏。看各种案宗，学习别人的处理方法。

他要长大，大到足以撑起自己和家。

第一次独立打官司，完败！

灌了自己几瓶酒，师傅走过来拍拍他的肩膀，笑着说："就算是我，也会败的。男人就要大度、有气量，这次输了难道下次也一定会输？"

第二次，险胜。公司的人闹着要庆祝，他喝酒时在心里对自己说，戒骄戒躁，切勿过于满足，要不然下次会输得更惨。

经过三年的磨炼，他已经在这座城市的各大律师事务所里小有名气，他们敬佩他小小年纪便有如此气魄。

所有人都不知道，第一次输了官司之后他有多努力，努力地想要证明自己的存在。

他做事严谨、一丝不苟，尽管他已经被很多人熟知，他也从来不敢停下自己的脚步，一停下来，就会被打到。他怕再回到最初的窘迫，他怕再回到没钱给父亲治腿的那段时光。他只有马不停蹄地跟随着自己的脚步，才值得他的付出。

他不想再被淹没在别人的光环下，所以听够了夸赞的话语，他要给自己制造掌声的来源。然后他就成了这座城市里成功的名律师。

其实我们每一个人都一样，我们能做的就是不要被眼前的困难打倒，能做的就是不停地前进。你想要的光环，你想要的成功与成就一定在这条路上毕恭毕敬地等着你。

只有脚踏实地的努力了，才看得见光，才听得到最热烈的掌声。

◎我们可以接受失败，但是绝不接受放弃

荀子说过：“锲而舍之，朽木不折；锲而不舍，金石可镂。”从古代起，我们的先人就在警醒我们要坚持。

爱迪生坚持试验上百次，不论遇到什么困难都不放弃，终于发明了电灯；诺贝尔坚持二十多年，多次在试验中受伤，但却不肯停下，终于制成了安全炸药；居里夫人不畏艰险，从成吨的工业废渣中提炼出了镭，即使健康受损，也不曾放弃。

如果不是他们的坚持再坚持，也不会有现在造福亿万人类的科学发现。

阿力说：“失败并不可怕，可怕的是，因为害怕失败就像个懦夫一样放弃。”

前些日子谭给我打电话，说阿力回来了，想跟我们聚聚，问我：“你什么时候有空？”

我因惊讶一时语塞，反应过来，像是要确认谭不是说笑，反问道：“你说谁回来了？”

“阿力，我说慕慕，你不会忘了阿力是谁吧？你们曾经不是很要好吗？”

我怎么会忘记？

那个灿烂了我整个枯燥乏味的高中时代最要好的男同学——阿力。

听到谭正经的声音，我压下心中的惊喜，连忙说道：“你们定时间，我肯定到场。”

挂了电话，我眼前忽然浮现出阿力面对考得惨不忍睹的成绩，还能笑得一脸傲然的表情。

我不讶然阿力回来没有第一时间通知我，毕竟在他做出那样的选择之后，我们就慢慢地断了联系。

在消失了六年之后，忽然又回来的阿力会是什么样子？

这个想法一跳出来，我就想起高三毕业那年，我们都拿到满意或者不满意的录取通知书满腹离别惆怅时，阿力忽然对我们宣布，他要放弃读国内的大学，跟着芳芳出国深造。

在同学们或惋惜或讥嘲的目光里，阿力在毕业晚会上，一把火烧了所有的课本和参考资料，然后在一个月后，决然地跟着芳芳双双踏上通往大洋彼岸的飞机。

我能理解那些在阿力背后讥讽他的同学，毕竟芳芳的家庭背景很雄厚，而阿力只是一个长相帅气，有点儿小聪明的穷小子而已。

我不记得是谁在我耳边形容过阿力：吃软饭的。

我很不高兴，因为我知道阿力跟芳芳在一起的时候，从来没有花过芳芳一分钱，甚至还靠自己的那点儿小聪明，给人打工，用攒了很久的外快给芳芳买了一条昂贵的名牌裙子。

在我的唠叨中，阿力却笑得很耀眼，他拍拍我的肩膀安慰道："老慕，我就是喜欢看她穿裙子的样子，像只美丽骄傲的白天鹅。"

这话说的就像一个纨绔子弟，我用眼白他，惹得他露出白亮的牙齿哈哈大笑。

提到白天鹅，我就忍不住想得更多。

芳芳在我们入学的时候，就是出了名的学习好，还长得极漂亮，家境虽然优渥，可是为人却很低调，军训的时候就被我们封为"白天鹅"。

而不知道从什么时候开始，阿力开始对芳芳倾心，努力追求芳芳，芳芳一开始并不看好阿力，也为了让阿力知难而退，定下了各种狗血以及苛刻的标准，比如说考进年级前十名，文理分科的时候，让理科很优秀的阿力选择文科……

对于这些，我们这群交好的人虽然颇有微词，但是阿力甘之如饴，虽然他的成绩在当时要非常非常努力才有百分之一的可能在一千八百多个同级生中挤进前十多名。

而阿力偏偏不服输，凭借着那份坚持在文理分科前考进了前十名。

在众人的惊羡中，牵了芳芳的手毅然决然地共赴文科班。

阿力虽然是全校的传奇，但是只是有我们这些和他亲近的人知道，阿力为了这百分之一的机会，付出了多少努力。

本来活跃在篮球场和物理兴趣小组的他硬生生拒绝了那些诱人的邀请，埋头于题海。听他同寝室的男同学说，阿力每天在别人都就寝的时候，拿书到水房去，读书到深夜，当然有几次还患上了感冒……

而我作为观众，自然也对阿力这种在横冲直撞的年纪，为了爱情赴汤蹈火的勇敢感动。

可是分到文科班的阿力，成绩却一落千丈，我们有缘又分到一个班，我看到他在上毫无兴趣的政治课上昏昏欲睡的时候，心中不免又感叹。

芳芳因为阿力的不努力，一怒之下提出分手，阿力百般讨好，甚至不惜触犯校规，某天晚自习的时候，在芳芳班级窗外，摆放心形蜡烛。

结果就是阿力受到处分，芳芳怒气更胜。

我曾开玩笑地问他，“你这是被妖魔附体了吗？”

阿力彼时捧着历史课本，咬牙切齿地说道：“老子还偏就不信邪。”

我那个时候对十七八岁的男孩子口中的爱情是不屑一顾的，虽然没吃过猪肉，可是谁没见过猪跑？他们不就是贪图一时新鲜，等考上大学就劳燕分飞了吗？

可是阿力是我见过最执着的男生，仿佛是一头蛮牛，认准了一件事，不撞南墙不回头，哦，也许是撞破了南墙他也不会回头。

这回是我亲眼所见，阿力几乎把政治课本中所有记不住的东西都抄到了一个小本子上，一天二十四个小时不离身，听其他男生说，就连上个厕所撒个尿的时间，嘴里都念念有词。

从高二开始到高三，他的小本子换了又换，而与之相比的，却不是成绩的提升。

阿力学习政治，就好像让文科生学习高数一样，不知道为什么，在其他人觉得很好记的知识点，阿力就是记不住，或者是常常记混，就连老师都觉得阿力是个奇迹——背不住知识点的奇迹。

面对挫折，阿力只是微微一笑，然后揽过我的肩膀偷偷告诉我说："我是故意的，太容易到手的东西，我都不太喜欢。"

我本来想讽刺他几句，但是看到他嘴上因为着急上火而起的水泡时，把想说的话又咽了回去。

也不知道阿力嘴里太容易到手的东西，指的是芳芳还是令他头疼的政治。

后来阿力的小本本还是不离身，只不过内容却换了，他把每个历史书中每个朝代发生的重大事迹，都按照时间轴的形式给画出来，Y 轴是时间，X 轴是平行时期发生的事件。

阿力把时间和事件画在一个小本本上，把内容写在背面，就这样按照自己的方式，重新再来一遍。

高三最后一个学期，第一次模拟考试前夕，阿力寝室住他对面的男同学郑，一脸苦相地跑过来找我，哀求道："慕慕，你快劝劝阿力吧，他是不是要疯了？这几天几乎每天晚上都说梦话，说就说吧，不是政治就是历史，再不就梦游把我推醒，问我问题，我还不知道怎么回事呢，他又躺下睡了……"

我听着哭笑不得，阿力这个病我治不好，只得抱歉地对郑摆摆手。

第一次模拟成绩出来，五百名文科生中，阿力考进前五十，这已经是三年来最好的成绩，可对于芳芳的要求还差得太远，阿力仍旧埋头苦读。

有天中午吃饭回来，我看到阿力趴在课桌上睡着了，便推醒他，问他午饭吃没吃，阿力依旧紧紧闭着眼睛，迷迷糊糊地说道："睡觉的时间都没了，哪儿还有时间吃饭……"

我忽然觉得有些心疼阿力，也第一次觉得芳芳有些过分，阿力的坚持到底值不值得，我跟其他人的想法其实是一样的，只不过不忍心打击如此热血的阿力。

没想到在最后一次模拟考试中，皇天不负有心人，阿力竟然冲进全校前二十，也许是阿力的恒心终于打动了芳芳，芳芳也勉为其难地再次接受了阿力。

本来以为这对佳偶在考大学前能够消停一些，在高考前夕，竟然传出芳芳要出国深造的消息。

听到消息的那个晚自习，我没见到阿力。

再见阿力时，阿力仍旧像以前一样埋头苦读，我们都不忍心问阿力芳芳的事，阿力也闭嘴不提。

这是我们万万没有想到的结果。

不过阿力又扔给了我们一颗炸弹，他决定放弃国内的大学，跟着芳芳出国。

之后的事，说起来也波折，听说芳芳在国外的追求者很多，而且大多家境都很富裕，而芳芳又开始给阿力定下新一轮的标准……

而我，只能希望阿力自求多福。

再后来，阿力总是很忙的样子，而我也因为学业和工作忙得很，慢慢与他断了联系。

聚会定在三天后，我到场的时候，大家都到的差不多了，都是一些老同学，而阿力穿着一身阿玛尼，留着高中时期的短发，看起来只是更高更壮，坐在人群中谈笑风生。

如果说阿力变化最大的地方，那就应该是更加自信了。

从阿力的衣着谈吐看来，他貌似过得很好。

阿力看到我从座位上站起来，朝我招手，露出白牙大笑道："老慕！快过来，让哥们儿好好抱抱，我可想死你了！"

我笑着啐了他一口，骂他流氓。

阿力还是给了我一个大大的拥抱，说道："老慕，这可不像你啊，高中那会儿，你不是以老子自居来着？"

我也用力回他个拥抱，问他："你这些年过得怎么样？"

席间大家喝了很多酒，说了很多话，可谈起的都是阿力的工作，听说他现在当了律师，收入不菲，虽然没能一夜暴富，但是对于我们现在这个年纪的人来说，还是十分让人羡慕的，然后又谈到各自的家庭，只是对于芳芳闭口不提。

散席后，阿力招呼我，要送我回家，我会意，坦然接受。

因为喝了酒，阿力找了代驾，一上车我就憋不住问阿力在国外是不是吃了很多苦，怎么混到现在这个地位的等等。

阿力跟以前一样，白了我一眼，说道："你其实是想问芳芳的事吧？"

我默认。

"我承认，我在国外吃了很多苦，也跟很多比我好比我有钱，比我有才华的人做过情敌，可是我有没有告诉你，我是已婚人士了？"

我愕然，已婚?

阿力从兜里掏出戒指戴在无名指，说道："我老婆，芳芳。"

此时此刻我下巴已经掉在地上："你是怎么做到的？"

"你记得我在高中时为了政治而烦恼吧？"

我点头。

"那个时候，是我最难过的时候，我知道你们都不相信我是真心喜欢芳芳，可是人的感情怎么说呢，喜欢就是喜欢上了，不管她外在的条件如何，我就觉得她对我来说就好像吸铁石，我一遇到她就不由自主，我就想要跟她在一起，而且这个想法这么多年以来从来都没有变过。”

我真没想到，事到如今阿力反而跟我提当时的想法，我也很钦佩阿力的毅力，要是我，肯定不会坚持下去。

也许阿力是我这辈子见到最专一、最有毅力的人了。

阿力顿了顿，继续说道：“那个时候我也绝望过，因为怎么都考不好，怎么做都达不到她的要求，也想过她是不是就对我没意思，但是后来老子脾气也上来了，不管怎么样，有想要的就要去追求，如果失败几次，就像个懦夫一样逃避，甚至放弃，那我自己都看不起我自己。”

我点头，这种做法确实符合这头蛮牛。

“那……你就没有想过，你们要是真的没办法走到一起呢？”我笑着调侃道，也确实带着几分认真，感情这种东西最说不准了。

“最起码，我努力过，我不遗憾。”阿力说到这儿，得意的一笑。

“知道我为什么去国外吗？”

我摇头。

“因为芳芳答应我，只要我能在国外混出个水平，就嫁给我。我一想，谁还没有个追求啊，既然认定了是她，那有她在的地方，才是我安身立命的地方，于是就收拾包袱跟着媳妇走人了。”

阿力说到这儿，车子已经到我家门口了，我们作别，相约有时间再聚。

回家的路上，我忽然想到刚才阿力说的话：有想要的，就去追求。

也许和芳芳共度一生，就是阿力当年埋下的种子，这颗种子发芽成长的时候，也许遭受过暴风雨的洗礼，可最终它长成了，不是吗？

而如果当初阿力因为害怕失败而放弃，那他永远也得不到芳芳的爱情。

人生不就是如此？不管是爱情还是梦想，如果因为害怕失败就选择放弃，那跟懦夫有什么区别？

◎做你人生的证明题，而不是选择题

曾看到过这样一句话：有梦想的人不做选择题，他们只做证明题。而人生就是一道证明题。

人生的岔路口有太多选择，大多数的时候我们都会徘徊在这个岔路口。但有一种人，他们只会去证明，用努力为自己铺路，而路的尽头，便是他们证明的结论，而不是被逼迫到一个要做选择的困境。

周文晖大抵就是这样一个人，也是我认识的同龄人里让我最有成就感的人了，我可以向别人吹嘘我某个朋友有多牛，周文晖就是我屡试不爽的例子。

周文晖是在单亲家庭长大的，父母离婚的时候，第一件事就是争论他的抚养权。那时他的母亲声泪俱下地恳求他的父亲，父亲却面无表情地看着她："你一个女人，怎么养活孩子？我给你足够的财产，下半辈子，你也不用为生活忧虑。可如果你选择孩子，你将什么都不会得到！"他母亲抱着他，看着如此冷漠的父亲，眼里透着决绝，"我不会选择财产，我要和孩子在一起，你放心，没有你，我也能把孩子养大！"他父亲当然不愿意，俩人不欢而散。

第二天周文辉的父亲带着律师来的时候，他母亲抱着一岁多的他坐在楼顶上，对着他父亲说："离婚可以，但是我不会把孩子给你，你要非和我抢孩子，我现在就跟孩子一起跳下去！"周文晖的父亲瞪着他母亲，最后也只好无奈点头同意。

后来周文辉的母亲抱着他去改了名字，随他母亲姓周。

对于单身的周妈来说，养活他很不容易，所以周文晖比同龄人乖巧许多。

周文辉从小就笨笨的，因此常被周围的小伙伴欺负，他倒也不在意，被欺负了也只知道傻乎乎地笑，经常有人给他起外号，"周大笨""周傻子"，甚至有人喊"周文辉没爹疼"这样的话。其实小孩子嘛，也没什么恶意，只是有些不自觉就说出口的话，在孩子眼里没什么，但是被周文辉的母亲听到，像是把刀子，戳得她心口疼。把那些孩子一通教训，回家瞪着站在门口搓着衣角的周文辉，看着他小心翼翼的眼神，狠心的话再也说不出口。骂了句没出息，眼泪不知怎的就落了下来，最后号啕大哭，这也是周文辉第一次看母亲哭得那么厉害，他甚至不知道母亲为什么哭。

直到后来慢慢长大，在姥姥和小姨的叹息中，才知道母亲有多苦。那时就想着，长大一定要有出息，让母亲过上好日子，也知道要帮母亲干点儿活。在那时所有男孩都不屑又讨厌做的家务，他都帮母亲做。渐渐地，母亲看着他时眼里也露出了欣慰的表情，日子似乎也没那么难。除了每次的成绩单，每每他拿着成绩单，都不知道怎么面对母亲。他已经很努力学习了，可就是学不会，像是跟他作对一样。母亲也没办法，想着他上完高中，让他舅舅给他找份工作，日子能过下去就行，毕竟周文辉在学习这一方面，真的不是那块料。

周文辉心里多少有些不服气，小时候吃过太多苦，总想着长大了能干点儿什么，不再让母亲受别人指点，不再让邻居说起自己孩子成绩多好而且未来一片光明的时候，母亲只能在一边苦涩地笑。周文辉笨虽笨，人却是很有骨气，舅舅一直说他的性格像他母亲，还说男人笨点没什么，只要有骨气，就不怕做不出点儿样子。

高一的时候，班里两个男生被选中做飞行员，周文辉满眼的羡慕，似乎找到了所谓的人生目标、梦想。那一整晚他都没睡，整个人都处于亢奋状态，夜里翻来覆去，幸好室友睡得都跟猪似的，不然他这样折腾早就揍他了。

第二天起来第一件事就是和母亲打电话，说了自己想要去当兵的想法，母亲在电话那边沉默许久，最后还是态度坚决地告诉他并不同意他去当兵。当兵很苦，做不好，三年五年下来，还是要重新找工作。周文辉听了心里凉了一半，本以为母亲会同意，谁知道竟然反对得这么坚决，急急地和母亲说了许多，母亲却丝毫没有动摇，最后差点儿吵起来，他依然坚持。

这还是他第一次忤逆母亲，接着中午舅舅打来电话，问清缘由。舅舅在那边叹口气，说："你们这个年纪，都有一个当兵的梦，但是，你不能只做梦，你还要考虑以后，你母亲以后需要你照顾。况且当兵很苦，不是你想象中那样威风，那都是别人都无法想象的苦累换出来的。你母亲也为你选了一条路，能让你有个安安稳稳的生活，肯定不会像当兵那么苦。你好好考虑，不要急着给谁答案，证明什么。但是若你坚持，就必须有所建树，让你母亲也为你骄傲。"

后来周文辉如愿以偿的去当了兵，临走前，母亲含泪哽咽地看着他，欲言又止，最后还是什么都没说。周文辉抱住母亲说："妈，儿子一定会有出息的，我会证明给所有人看，你的儿子周文辉，不比别人差！"

当兵确实很苦，就如他舅舅所说，不过选了这条路，怎么也要咬牙坚持下去。他常想象着母亲在看到电视电影里面的军人时，会不会以他为荣?

许多年后，周文辉回到家乡，邻里邻居都是带着艳羡的目光看着母亲，夸他出息了。他用这么多年的汗与血证明了自己是母亲的骄傲，如果当初，他选择了那条安稳的路，那如今的他，又是什么样子?但肯定不是现在这样，强大而又与荣耀站在一起的周文辉。

一直坚信什么样的付出就有什么样的收获，一步一个脚印，终有一天当你站在最高处的时候，还可以看看自己当初是怎么过来的。时刻提醒自己切莫太放松，甚至看着自己当初最艰难的时刻也会觉得异常开心，因为最艰难的路都走完了，还有什么路是我们不敢走的。人生就是一道证明题，明明答案显而易见，依旧要写一长串“论据”，这才是人生该有的态度。

不要被生活吓倒，去过复制粘贴墨守成规的生活，你知道，那不是你想要的。

第三章

生活的理想，就是为了理想的生活

◎如果你是一条淡水鱼，深海未必适合你

世界上许多人都想要爬上山顶，登上去的很多，摔下山崖的也不少，所谓“不成功便成仁”就是这个道理。然而即使这样，还是不断有人往上爬，越高越好。

但是人总该量力而行，就好比如果你是一条淡水鱼，不一定要憧憬着到深海去，成功与否说不准，性命安全都可能成问题。有时候生活简单一些是福，深海未必适合你。

职场就如宦海，浮浮沉沉。老友之前是做财务的，朝九晚五，工资也不少，再正常不过的上班族。当初拼死拼活经过一轮又一轮的面试、笔试、筛选环节，挤得头破血流，终于得到了这么一个位置。照理说是很庆幸并应珍惜的，但是后来她却面容憔悴，整天跟我抱怨

公司的水深火热。

事情是这样的。

某天她休假约了我去耍，当我们正在三号线地铁差不多被挤得快成肉饼时，她老板来了一个夺命连环 call，在熙熙攘攘的人群里居然可以清晰地听见他在那边死命喷口水的声音。我悄悄偏离了一下耳朵，隐隐约约还听到“那些钱”“不跟我讲”诸如此类的话。过了大概十分钟，他终于挂机。老友盯着手机翻了个白眼，我问她怎么回事。她说，是公司的事，已经烦到她想辞职不干了，可是留老板一个人撑着又不仗义。

老友手握财政大权，负责管钱，公司大小开支都经由她手。有个股东时不时会拿一些发票来报销，但是和他拿的钱财数目不一样，总是亏欠公司很多。老友是个实心眼，就将这些事一板一眼完完整整告诉了老板，谁知道他问了股东几句话后，竟然反过来喷了老友一顿。老友说她比那只鹅还要冤枉，真憋屈。我不厚道地纠正，是窦娥……

然而这事算小了，之后发生的事情才真正差点儿毁了她。

那天股东拿了一沓红票子跟她说只要她不说出去那些事，这些钱就归她。那些事，就是指股东在外面用公款建的房子，买的新车。我原以为，老友不接就没事了，她当时也是立马拒绝了。可是她家里突然出了事，爷爷进了医院，需要大笔医药费。人在穷困潦倒的时候，一叶也可以障目。老友联络股东，颤抖着心肺接了那笔钱。

后来，她爸得知这件事，狠狠说了她一顿。她爸果然是条汉子，他说："什么事可以做什么事不可以做，你长这么大了还分不清黑白是非吗？！做你们这行最忌讳的就是受贿。"老友虽然有些心虚，但是想起以前学室内设计的日子就更难过了，竟开始口不择言。她说："我本来就是学室内设计的，是你们只知道挣钱，全然不顾我的感受，逼着我去学会计。会计这行我不想干了！您高兴了吧？"

她爸没讲话也没看她，背影有些踌躇，就像做错事的孩子。老友看着有些鼻酸，才意识到自己说话太重了。

最终钱还是完完整整退了回去，记得股东的脸臭得像坨屎。之后她就把这件事告知老板，老板调查属实后给老友涨了工资，当着全公司员工夸奖了她一番，说得力助手非她不可。

我说："这样不是很好？不违背良心，爷爷的医药费又有了着落。"老友忽然捂住眼，泪水却一点一点从指缝溢出来。她说："可是我很难受，我在这些黑暗里很难受，步履维艰。我现在一点儿都不想要往上爬啊。"

"是真的不想要往上爬。虽然以前学室内设计的时候一周有三天是吃泡面度日的，有时甚至饥不果腹，但是过得很快乐。每天灵感汹涌时就作画，清闲时和朋友聚会聊天，周末成群结队去逛街。就算什么事都不做，放首歌，收拾房间，剪剪指甲，晒晒阳光也十分惬意。不是逃避现实社会，只想做自己愿意做的事，这样就足够美好了。"

我抚摸着她的背，有些惋惜地叹了口气。我看过她的作品，老友在设计方面颇有才华，用惊才绝艳来形容也不为过。但是，之前看她几个月里啃十几本书，不停地考证，就以为她是愿意去读会计的。现在才发现是为了家里，为了挣更多的钱，逼迫着自己去做不喜欢的事。

我说："要不重头再来吧。辞了工作，重新学室内设计，去当快乐的设计师。人嘛，总得疯一次，选择自己喜欢的路，疯错了也值得，不是吗？"

我也不知道自己这个建议是不是对的，反正接下来的两个月我都没有见过老友。我没有联系她，她也没来找我，有种心知肚明的默契，不成功便成仁的大义凛然……

那天，她给我打电话时，高兴得声音都变了。我赶紧去见了她，望着她神采奕奕的脸，心情也跟着飞扬起来，听她汇报情况。

家里人听说老友辞了工都很惊讶，也没说什么，这关算是过了。然后她把扔在角落的马克笔捡了起来，布满灰尘的数位板和电脑重新开始运作。一开始手有些生疏，怎么画都画不出想要的感觉，透视结构和房子组合竟然也画不好了。她被自己折腾得快要疯掉，她气得直哭，非常懊悔。工作没有了，就连自己喜欢的事都做不好，她那一刻觉得什么都失去了，就好像输了整个世界。

一天清晨起来，她发现门边有一杯牛奶，拿起来的时候还带着余温。旁边是一张纸，她爸的笔迹。上面写着："如果你是一条淡水鱼，深海未必适合你。我们是亲人，只希望你做条快乐的小鱼。"她一看眼泪又不受控制地掉下来，一滴滴填满了空洞的内心。

她不再仗着以前所学的那些知识，而是重新买了新书，脚踏实地从头开始学起。画透视、画结构、画房间构造，一步一步，稳稳当当地走着。直到有一天，画出了心里想要的梦幻房子。

接下来就是一系列找工作的流程，在各种网上投简历，一间间公司面试、笔试，但是这次她甘之如饴。

这样，才成就了这么一个眉飞色舞坐在我面前的她。我说："看来你在新公司挺如鱼得水的嘛。"她得意地笑，"我是浅水鱼啊，就适合在小公司里游，工资不高，可是没有尔虞我诈，日子十分圆满。"

"赌赢了吧？"

"嗯。"

◎人生不如意十之八九，分量重的却是其中一二

如果说，把我们的人生平均分成十分。其中愁苦占八分，快乐占两分。你是愿意选择那两分的快乐还是选择那八分的愁苦呢？

我想，在任何时候，我们的人生都有选择的权利。当哀愁与快乐相互较劲时，自然也有犹豫的时候，但是，人们会下意识地往那两分快乐靠近一点。也许那两分快乐持续的时间并不长久，却尤为重要。试想，如没有这两分快乐，那八分愁苦又怎能算作是愁苦？无非是一段不为人所好的路程罢了。

有一段时间特别流行玩吉他，我身边的朋友基本上人手一把。学得最差的基本上也可以弹上一首小情歌，我看了也觉得心痒，也想去学学。

我学吉他的时候，也是抱着玩玩的心态，我的朋友把我推荐到本市很有名的一家琴行。我的朋友说，这家琴行的老板参加过大大小小的比赛，所以在这儿学吉他效果特别好。

报名的时候老板不在，只有他请的两个老师在，其中一个老师把吉他抱在怀里给我弹了一段抒情歌曲，然后抬起头问我："喜欢吗？"

我犹犹豫豫地点头："还行吧。"

然后那个老师就一脸沉重："想好了啊，如果真喜欢，就可以跟我学，如果不喜欢，学了也白学。"

我听他这样说，又想起身边朋友们弹吉他的样子，心一横，一咬牙说："成，就学吧，反正也是没事干。"

于是我和一群半大的孩子，还有几个上了年纪的文艺青年，一起加入了吉他队伍。

学吉他并不容易，一开始拨弦还让我觉得有些好玩，但后来到了按品扒弦的练习，我的手指头就没消停过，不光磨出了血泡，后来还慢慢长出了一层茧。不过我并没有因此放弃，我甚至觉得这并不困难。

不就弹弹学学？有多矫情才会嫌弃这么点苦楚？那段时间我几乎天天往琴行跑，一吃过晚饭，就溜进琴行，并且一直练到他们琴行关门。

琴行每天晚上十一点关门，我每天下午六点就吃晚饭，所以美好的夜晚基本上都泡在琴行了，但我也不觉得难过。琴行里漂亮的姑娘也有一些，那气质容貌看着就引人注目，一来二去，我也认识了一两个不错的姑娘。

在她们口中，这家店的老板，简直就是一个传奇。

后来有一天，我在练习曲子的时候，偶然见到了那个传说中的老板。老板年纪很轻，和我差不多大的样子。在我的印象里，在我这个年纪能够开一家口碑极佳的琴行，并且被人说成传奇的人，太少见了。

琴行老板在我们当地，大大小小也算是个名人。

那天我朋友和我一起去练琴。以前我没学吉他的时候，都是和他们一起去那里听人唱歌。那里经常有流浪歌手唱他们自己写的歌，和现在的流行音乐不太一样，却听着很令人动容。

老板和我们这些新来的学员打了声招呼，然后就拿起吉他，坐在一旁静静地弹着唱起歌来。他的声音和他的年纪并不相符，有着让人诧异的沧桑。

我虽然惊愕，却并未表现出来，一直安安静静地听他唱着。他唱完，才看到我，对我笑了笑："听说你是个作家，来我这儿学琴，是不是挺无趣的？"

我连连摆手："哪儿能，这学琴的趣味，可不就得自己体会吗，你刚刚唱的歌挺好听的。"

他腼腆一笑："是我自己写的，写给我前妻的。"

我当时就惊呆了，你说这上帝公平吗，同样的年纪里，我连个女朋友都没有，而这位仁兄，就已经有前妻了！

“厉害啊。”我嘴上恭维，“这也不是什么大事，你看现在好姑娘这么多，没准下一个更好呢。”

他轻轻一笑，再也没有回答我的话。我一想也是，看着他一脸不如意的样子，虽然装作很潇洒，但是又要怎样面对心里的那条伤疤呢？

我一直坐在他面前听歌，坐了一个晚上。

坐到他们店关门，他也准备走了，我才拿起吉他，他冲我笑：“现在回家不会晚了吧？”

我摇头：“我想听听你的故事。”

我不确定他会不会拒绝，但我有一种直觉，觉得他是一个善良的人。他看着我，像是要看清楚我是谁一般。他把他的吉他背在后面，对着我说：“走吧，去喝一杯。”

我带着他去了我常去的那家酒吧，酒吧里有一个流浪歌手，唱着伤感的民谣歌曲。我们坐在角落，一人要了一杯鸡尾酒。

他听着台上的人唱歌，不知不觉，脸上也有了一丝落寞：“我这个人，从小就不是一个省油的灯，特别喜欢音乐。但当时我们家里条件不好，爸妈没钱供我玩音乐，我就跟着学校的音乐老师后面，天天缠着他教我。大概老师觉得我有天赋或者不像是闹着玩，就教了我一段时间钢琴。那个时候，我家又穷，根本没钱交学费，老师自愿教我钢琴，每次都很晚才回家。说到底，那个老师是我最感激的人。”

我也在想着那位老师的善良。

他继续讲：“上了大学，我就开始自学吉他，并且和那位音乐老师的女儿在一起了。大一的时候我去参加节目，获得区上的三十强。老师特高兴，当时就带着我吃了顿大餐，但是复赛的时候我嗓子出了问题，没法参赛，只好弃赛了。”

“当时我心里特不舒服，你说我从小到大，就这点儿爱好，我有什么错？那段时间我过得很落魄，但女朋友并没有嫌弃我。恢复嗓子后我又参加了学校的十佳青年歌手比赛，获得了冠军。”

“后来，我参加的比赛越来越多，一直顺顺利利。到了毕业的时候，我已经能买一套房子了，当时我就和女朋友领证结婚了。”

讲了这么多，他已经没有什么心情再讲下去了。一直大口大口地喝着酒，我见他这样，也明白这之后的生活可能并不愉快。

果然，他说结婚后的生活过得并不舒适。虽然参加了比赛，却没有公司找他签约，直到有一家公司来找他，却需要交押金。他把全部身家都交了出去，再拿着合同去找那家公司时，才发现公司早已人去楼空。

与此同时，恩师重病在身，急需一大笔医药费，他根本拿不出那么多钱，只能将房子卖掉。但这些并没有改变什么，恩师又增郁疾，最终离开了他们。

失去了父亲的妻子，面对着事业不如意的丈夫，再也没有了陪伴下去的信心，提出了离婚。他答应了，因为他知道凭自己的能力根本不能给妻子一个安稳的生活。他给了妻子一半的财产，自己拿着另一半财产开了一家琴行，做自己的音乐。

慢慢地，他在民谣圈子里有了些名气，但他并不像以前那么光鲜，潦倒的模样让人见了都觉得心酸。

后来，他自费出了一张自己的专辑，在圈子里慢慢热卖。他拿着这些钱继续做音乐，并拿给自己的父母，同时每个月还给师母一部分的生活费。

日子磕磕碰碰，只是将将就就在过罢了。

喝完酒，我和他都醉得不成样子，而我的意识尚还清醒，他却已经烂醉如泥。他眯着眼睛问我："你知道我这一辈子，最快乐的是什么时候吗？"

我摇头，表示自己不知道。他说："是现在。没有压力随心所欲地做自己想做的事情，虽然日子依旧过得有些苦，我却乐在其中。"

我恍然大悟，每个人不都是这样么，哪里有谁的一生注定平坦光辉、一点儿波折也没有呢？但是，我们真的要特别在意那不如意的十之八九吗？即使那是我们人生中的一部分，即使它常常让我们生不如死，让我们失去理想。

但我们真的要这么在意它吗？有必要把它挂在自己的胸膛前，然后告诉世人，我那不如意的事情到底有多惨？

何必去在乎那痛苦的十之八九。毕竟，你的快乐才是在乎你的人、爱着你的人最希望你拥有的，也是你应该在意的。

不用对你的人生产生气馁，正如有人羡慕你的人生。

外面的世界很精彩，外面的世界也很无奈。我们甘愿当一只坐井观天的青蛙，在一成不变的生活里消耗时间吗？

时间从来不怕被浪费，也从来不会被浪费，因为你能消耗的，只是你自己的青春。

2008年夏天，我在丽江一家酒吧当歌手时接到了三羊的电话，电话那头他的声音显得很疲惫。我从来没有想过那样倔强的三羊也会有这么虚弱的时候，那时他只对我说了一句话：“你别担心，我过得很好。”

那时我已在丽江定居两年了，有一个温柔善良的女朋友，我知道三羊在北京，是一个名副其实的北漂青年，我没有打算去找他。毕竟，我和三羊，有着不一样的梦想。但那一通电话，却彻底改变了我的想法。

二十多年前，我和三羊的家都是在南方一个偏僻的山村里。我家祖辈务农，除了我爷爷是一个民间川剧演员，我们这一家子，没有谁有多少艺术细胞。而三羊比我还不如，他是一个遗腹子。他母亲在怀着他的时候，父亲骑着摩托车去给人送货，从山路上滚了下去，从此就再也没有爬起来过。

三羊母亲一个人把三羊拉扯大，三羊家和我家的院子隔着三里地，我俩出生相差不过两天。我母亲说，那时春意盎然，院子外喜鹊一直在叫，漫山山樱花绯正浓。那之前的许多年和那之后的许多年，山樱花从来没有那么绚烂过。

高考的时候我选了一个三本大学，而三羊彻底放弃了学业，选择到外地打工，我俩自此联系减少。当我接到三羊的那通电话时，我已经有五六年没有见到过三羊了。

所以当时我就下定决心要去北京找三羊。辞了酒吧里的工作，我告诉女朋友，我要去北京，最多去一个月就回来。我女朋友更喜欢丽江的安定，所以并没有和我一起去，她说："你去吧，我在这里等你。"

到北京的时候，三羊来火车站接我。他与我记忆中的三羊不太一样了。记忆中最后一次见三羊，是我大一开学之前，那时的三羊一身棉背心、棉麻短裤打扮，脚下踏着一双半旧的人字拖鞋。他不爱说话，唱歌却出奇的好听，嗓子略沙哑，沧桑又性感。

那时他和我躺在山樱树下，山樱花期已过，盛夏之时，山樱树在蓝天之下格外好看。三羊歪过头对我说："牙子，你得好好读书，以后闯出个名堂，走出这座大山。"

我躺在他身旁，静静看着山樱树丫中透出来的蔚蓝天空，咧嘴说着大话："那是，到时候我们看谁最先娶到媳妇。"

三羊闭唇不语，他寸头上挂着的汗珠在阳光下闪烁。从那以后，我就再也没有见到过三羊。

我以为三羊在北京或许混得不错，不然，也不会打电话跟我说那句话。然而当我真正看见三羊时，我一下子又觉得似乎来错了。

三羊一身纯白T恤外加短裤，一双旧得不能再旧的球鞋，他早已没有少年时的青涩。这一身装扮让身为同龄人的我看起来怪怪的，却也说不出怪在哪里。他笑容拘谨，在见到我时分明有些不自在，或许是多年未见。不过好歹是从小一起长大的玩伴，随即他就拥抱住我，对我说："欢迎你，牙子。"

三羊住的地方在首都的城中村里，不大的胡同挤满了像他一样的外地来客，我提着行李跟在他身后晃晃悠悠地走着。他一见我这样，一把将我的行李扛到了肩上，把我带到了他的出租房内。房里只有一张床和一个柜子，其他多余的家具一件都没有，墙壁的石灰脱落了许多，看起来像张牙舞爪的怪物，让人觉得极不舒服。

早知三羊落魄至此，我还不如老老实实地待在丽江，过自己的小日子。当时我失望极了，又不能埋怨三羊，毕竟这次，也不是三羊逼着我来北京的。大概看出我对环境的排斥，晚上，三羊带着我去一个路边摊吃烧烤，一边吃，一边讲他这些年的经历。

早些年，才出来的时候，只有高中文凭的三羊在工地上班，每天帮人搬砖，一天三十元钱。一天下来全身酸痛，瘫软无力。后来他觉得这样干苦力没有出路，所以用仅存的一点儿钱，买了一把二手吉他，在旧书市场淘到两本吉他入门书开始自学。

夜深人静时，别的工友都已经鼾声如雷，只有三羊，抱着自己的那把吉他到离工地不远的山坡练习。

在工地上干了大半年，三羊去了青海，他在那里高原反应特别厉害。一开始只是待在西宁零零散散地打工，没有事的时候，就在打工的地方抱着吉他给其他工友唱歌，那样的生活只能图个温饱。不久后，他就带着自己的那把吉他，去了可可西里，可是一到那里他就得了肺水肿，差点儿丧命。

可可西里有太多美好的东西，三羊喝啤酒的时候，眯着眼对我说："那里的藏羚羊、牦牛还有一些你从来没见过的东西，只有在奔走中你才会明白，生命真的是丰富多彩。"

对于这话，我并不以为意。

从可可西里回来的三羊被家里母亲逼婚，本来就只有一个独子，再加上他母亲一直未再嫁，一心都扑在三羊身上，从来没有对象的三羊多少有些不孝的感觉。抱着吉他四处流浪的三羊并没有回家，他依旧选择漂泊，北京不是他的目的地，也绝对不是他的梦想。

在北京的最后一晚，我看着三羊坐在北京的地下通道唱歌，我抱着吉他，和他坐在一起。他唱歌的样子很认真，认真到和当年那个躺在山樱树下唱歌的三羊没有任何差别。

第二天我坐上回丽江的火车，因为我女朋友对我说：你如果再不回来，我就再也不需要你了。

日子似乎回到了见三羊之前的状态，我照例吃饭、喝酒、唱歌、睡觉，在浑浑噩噩中玩世不恭地做着自己的美梦。

2013 年夏天，我接到三羊的电话，他情绪很激动，即使隔着电话我也能感受到他的高兴。他说："我要结婚了，和我心爱的姑娘。"

我一愣，这之前我可从来都没有听说过他的感情生活。

三羊说："你走以后，我又去了西宁，在以前住的地方停留了下来。你知道吗，几年前有个女孩儿让我等她，我去的时候，她一眼就认出了我，她说，你怎么现在才来。"

我开始有点羡慕三羊，当三羊问起我女朋友的时候，我很惭愧地告诉他："嗯，她走了，当我从北京回来的时候。"

三羊并没有举行婚礼，他带着他的新娘一起流浪，他说，天下之大，我有一把吉他，还有一双手，我可以让她吃饱穿暖。

当他们来丽江时，是我接待的他们。

三羊和我一起坐在台上唱歌，他的妻子坐在台下安静地听着，一脸幸福模样。他的妻子温软极了，模样贤淑，举止得体。

当我问她为什么要跟三羊在一起的时候，她眉眼一弯，很笃定地说："因为三羊说过，他虽然没有钱，但是会带着心爱的姑娘环游世界。"

三羊真是一个大浪漫家，我想，在那年山樱树下起，他就是了。他说的对，生命真的是丰富多彩。所幸三羊离开了那片山樱开放的山村，从此看到更多的美景，去过更多的城镇。

◎就算你拔光仙人掌的刺，它也依然是仙人掌

水仙不会因为外界评价它像大蒜就真的成了大蒜，白天鹅也不会因为外界评价它像大白鸭就真的成了大白鸭。即使孔雀被拔光羽毛，它依然是孔雀，即使金子被埋没在土中，它依然还是金子。

而身在沙漠中的仙人掌，纵然是被拔光了浑身的刺，它依然还是生活在沙漠中无所畏惧的仙人掌。

所以，任人改变，并不是一件容易的事情。

C城与其他城市并不相同，它拥有自己的特色。这个城市，一到樱花绽放的时节，道路两旁都是纷飞的樱花，所以一到这个季节，便有了许多前来的游人，来欣赏这落英缤纷的姿态。

易秋宁并不在乎樱花绽放多久，也并不在乎它到底能开几时，

他只在乎在樱花开放时，来的旅人有多少，到底会不会让家里大赚一笔。

他家里做着小本生意，母亲的工作是推着小车子，在公园里卖一些冷饮。若是夏天，公园的人便多了一些，但极少有人来买这些冷饮，因为它的价格，是外面便利店的两倍。

然而，能够在公园里卖东西，每个月还需要交纳一定的费用。有时天气不好，连处躲雨的地儿都难找，但是，这个工作却被母亲一直坚持了下来。

樱花开放时，天气还未曾炎热，母亲就顺带着卖些小吃，如烤好火腿和烤玉米，这样的生活让他觉得无奈极了，无奈得像夏季说来就来的大雨，任谁也叫不了停。

父亲早逝，他与母亲变成了相互依靠取暖的人，他疼惜母亲，更愿日后能争气一些，好让母亲过上安稳日子。

樱花开时，遇上节假日，游人就更多，易秋宁便更没有一点儿喘息的空隙。他几年他正读高中，心无旁骛地努力学习，却被同学误认为高傲且难以相处。想来，他们热爱的那些，易秋宁都是热爱不起的。

去看演唱会，去游乐园玩，去KTV唱歌，去电玩城打游戏，这些本该是青春年华该享受的东西，易秋宁却无法享受，他不能忍受自己用母亲辛苦挣来的钱去挥霍。自然也就与这个大集体格格不入。

在没有发现易秋宁的母亲在公园卖冷饮之前，大家对易秋宁的态度多少还有些敬畏。他成绩好，待人说话也很礼貌客套，不过只是不和别人亲近罢了。正因这种冷漠，大家都有些警戒。可是，不知是恶语插了翅膀，还是他平日里不受人喜欢太多。那些腥臭让人难以接受的话语就像一颗颗不定时的炸弹，经常将易秋宁包围在一个圈子里，让他一个人孤独地、毫无希望地存在着。

他没有朋友，应该说，他交不起朋友。

他在这条路上茕茕孑立形单影只。到了学校选取贫困生资助的时候，名单上也有他的名字，可是那些原本激烈的话却越加疯狂，甚至有人跳到他桌子上调笑："易秋宁，你妈卖那么贵的饮料和水，你怎么还是个贫困生啊？"

他不语，他懒得与这些人计较，但那些人的嘲讽就像野草一般肆意生长，甚至有人跑到班主任老师那里抗议，提议取消易秋宁的贫困资助申请。这件事被他知道后，他也并无太多反应。

大多数人都想看他发怒的样子，生气的样子，因为他永远都木着一张脸，不会生气，更不会笑。

他们也不明白惹怒他的意义是什么。有几个心善的同学，也不敢帮他出头。

易秋宁已经忘记了高中三年是如何度过的，他只记得那些做不完的试卷和课外试题，还有母亲的小摊子。

他被保送到北京一所名校，那些曾经带着不怀好意的心思来招惹他的人，纷纷转换了脸色，有羡慕，有厌恶，也有最初那般的藐视。

一边读书一边勤工俭学，他很快就找到了一份兼职，在一户美国家庭当家教，主要是教那个九岁的孩子学中文。

他这般木头脸，并不惹人喜欢，所以每次上课他都会花上一些心思，给那个孩子带一些小玩意，比如手编的竹篾动物，小时候玩的五花八门的游戏。慢慢地，孩子也渐渐开始期待他每次的到来。

这份兼职工资很高，而他在学校的学费是全免的，他只需争取生活费和每月给母亲寄的费用就已经足够，然而这并不能满足他的野心。

往往午夜梦回时，曾经那些尖酸刻薄的脸就像电影回放一样，一遍一遍出现在他的脑海中无法抹去，也无法定格，像是失了控的遥控器，让他难以掌控。

他开始尝试着在不做家教的日子里做些其他的事情，他开始被导师提携一起做实验，完成一些研讨工作。双修经济学，成绩从未让人失望过。

除此，他开了一家由自己经营的网店，专门在校内开展快餐代购。一般有人需要吃什么，他往往都是骑着小自行车，给买家买回来，然后得几元钱的送餐费。他的店很火，因为他从不会送错一个单，累积下来的好评让网店声誉越来越高，也让他挣得了不少钱。

但是，又有一点让人苦恼，如果自己去兼职或是做实验，那这些事情该怎么办呢？他随即策划了一个小团队，招募贫寒子弟，与自己一起进行创业。他的招募在网店首页就能看见，一开始并没有人心动，但是过了两天，就有几个人断断续续地联系他。

他制作了一个很合理的工作安排表，按每个人的时间进行调配。这送餐费有百分之九十是给送餐人员的，他只拿百分之十，因为他提供自行车和平台。

大学四年下来，眼看着要毕业了，他早已有了自己的金库。他实习后，并未听从导师劝导继续留校，而是开始自己的创业生涯。

他继续经营着网店，只不过校内送餐的这部分由他团队里的一位学弟开始打理。而他在学校外面开了一家快餐店，不做油炸食品，专做传统小吃。

为此，他将老家的母亲请了过来，让母亲当师傅，教自己手艺，他在网店上宣传，又加之校内人脉广，很快，这家以传统小吃为主的快餐店就吸引了周边大学生的目光。

三个月后，他的快餐店进入正轨，没有了顾虑，也没有一点差池，他又趁着兴致，开起了第二家店。第二家店在另一高校旁边，他选了很久的铺面，终于搞定。

三年后，他已经有了四家分店。

他的室友还不明白他当时为什么要选修经济学，在听闻他这一传奇般的经历后，他们都恍然大悟。

而他也在北京安定下来，实现了多年前的愿望，让母亲不再受苦，尽自己所能，让母亲的生活变得更好。

高中同学聚会，他并没有参加，一群同学讨论他现在的风风火火，还有人羡慕他的好运，这些话不知怎么传到他耳里，他却不置可否。

要做的事情实在是太多了，他哪里有时间去理会这些有着闲情逸致的人。

有的人，生来就生长在温室里，无风无浪安逸舒服，所以不曾想过待在沙漠里的人是怎样生存的。他们疯狂嘲笑沙漠里的仙人掌不曾待过他们的温室，他们嘲笑他贫穷卑微。可是他们却忘了，没有谁能一辈子待在温室里，也没有谁能一辈子始终都在开花。

仙人掌就算被拔光了刺，离开了沙漠，也没有任何关系。既然能忍受残酷的沙漠，又有什么恶劣的环境，能难得倒他呢？

◎有信心不一定成功，好过没信心一定不会成功

许多忐忑不安的事情，在一开始不一定就会有答案。而当你剥丝抽茧，将它丝丝缕缕的迷惘编织成册，往往在最后一刻，你想要的答案就会浮出水面。

所以，不用着急你现今遇见的所有茫然，也不要对这之后任何一天丧失信心。

你要知道，这世间所有苦痛与磨难总会在它应当消失的时候，消失得一干二净。

林霄每天下班后都会经过街角的咖啡屋，那里的咖啡屋老板很容易辨认面目。山羊胡，总是戴着毛线帽，连夏季亦是如此，一笑起来眼睛就眯成了一条缝，穿干净的衬衫，围着围裙烘焙蛋糕，一副邻

家大哥的样子。

每天下午五点半，林霄都会进咖啡屋买一块黑森林蛋糕，有时会是巧克力，有时会是杧果班戟。总之，店里有新鲜的甜品，她都会买上一份，有时会加一杯咖啡。

但林霄并不太爱喝咖啡。所以每次她都会给老板提议卖些奶茶。老板答应，却总是迟迟不肯上新品。

但林霄已然很满足，在这种竞争激烈的一线城市，林霄过得很自在。

她在一家精品店工作，那里有各种精美饰品。有时候她也会做一些摆在那里卖，经常会有小女生来询问她到底什么时候又出新。

精品店老板很安心地将店交给林霄，其他不说，自林霄看管店以后，生意好了许多。再加上林霄容貌清丽，总是笑眯眯地说话，为人温柔也不多事，眼光又不错，所以她在精品店上班后，老板给她加了两次工资。

林霄一个人住在老板安排的宿舍里，说是宿舍，不过是林霄一个人住的单人公寓。林霄很满意，房子是老板早年购置，林霄每个月只用给水电费就够了。所以一个人的生活，虽然过得有些孤独，却还算顺利。

每个周末精品店老板都会来店里视察，也会在店内停留一天。所以周末这天林霄只用交接好工作，就可以拥有一段自己的休息时间。往往在这种时候，她都会溜去咖啡屋。

咖啡屋的墙纸一直都没有变过，只是偶尔会有不同的画作出现在上面。老板是一个喜欢随时更新的人，总按着自己喜好来布置。

林霄一般都会在咖啡屋坐上一个下午。

带上一本从租书店里借来的书，她喜欢看的书有很多，比如加西亚·马尔克斯的小说，有时也看侦探集，还有的时候读张爱玲或者三毛。总选一个靠窗能晒着太阳的位置，喝着咖啡，吃着甜点，一看一个下午。

山羊胡老板就会忙自己的事情，有时候和林霄聊两句，有时磨完咖啡豆，烘焙完蛋糕，也坐下来看一会儿书。

林霄不会问他看的是什么，也从来没有兴趣过问。但她知道，那一定很精彩，否则也不会让一个像艺术家的咖啡屋老板这么喜欢。

年末的时候，林霄收拾行李回了老家，家乡在南方，那里水土温润，养出来的人也显得温润如玉。她选好给家人的礼物，又思考了很久，才决定给自己买一套新衣。

林霄从来不会亏待自己的穿着，哪怕是没有钱也得买上好的衣服。一个人的穿着就能看出这个人的生活作风。因此，她的衣服常常穿几年了都还像新的一样，因为她总能把那些衣服搭配得很时尚，又或者说，她只会买经典款的衣服来搭配。

回到小城，父母因为她给家人买礼物又是欣喜又是埋怨。心疼她挣了一年的钱，尽拿来为家里添置东西。林霄却心满意足，在家里的日子往往是最舒适也是最安然的，只是父母不断催促她找男朋友，让她有些忧愁。

林霄大学只读了两年，学的是珠宝设计，那一年家中变故，父亲赌博将房子都卖了。她只能休学回家，四处工作挣钱。那段时间，她像一只断了线的风筝，随时都会飞得很远似的。

虽然有设计方面的天赋，但她却不能再继续读下去，那时母亲因为父亲的过错，生了一场大病。在赚钱养家的同时，她还得照顾母亲，医院出租房两头跑。那个时候父亲有了轻生的念头，被她及时发现，她怎么会不了解父亲心中的想法。

翻出一瓶安眠药的时候，她抱住父亲痛哭。告诉他，所有的困难都会过去，所有命运安排的坎坷不会一直停顿在这里，如果父亲真的走了，那么这个家的担子，就真的只有她一个人扛了。

经她又哭又劝，她父亲终于打消了这个念头。戒赌找工作，踏实地干了两年，一点点还着赌债，最后做起了小本生意。他原来就是一个生意人，不然也不会答应林霄去学不知未来的珠宝设计。

但当这一切都不如起初预料时，他才知是自己害了女儿。

林霄从未有过半点儿怨言，当家里情况有了好转之后，义无反顾地选择去了上海。

到上海安顿下来后，林霄一边自学设计，一边工作，想要在这座城市站稳脚跟，就必须要安顿好生活才行。林霄做到了，比任何一个孤苦无依初到大城市的女孩都做得要好。 年末前，有一个全国珠宝设计大赛，林霄偷偷瞒着老板和父母参加了比赛。她每个周末都会去咖啡屋看书，有时候灵感一现，就会拿起笔在随身带的小画本上涂鸦。

参赛的结果要等年后春天才知道，林霄原本没有抱什么希望，但她觉得如果不去试一试，或许自己今后会后悔。怎么个后悔法她不知道，她只知道一定不能错过这次机会。

过完年后，林霄回到了精品店，一边帮店里做饰品，一边平静地等待着大赛结果。虽然她并不是把所有希望都放在大赛上面，但万事有着信心和希望去做，好像并没什么坏处。

只有这次失败了，她才能另寻道路。

时间过得很快，三月很快到来，上海的春天悄然来临，而林霄的春天，却不知是否能如她所愿般地到来。

在大赛结果渐渐逼近的日子，林霄的心总是惴惴不安，在得知比赛的事情后，她反复研究国内外的珠宝设计作品。自学课程对她帮助很大，这么多年，即使是自大学退学后的林霄，也有了自己获取知识的途径。

当她再一次去咖啡屋的时候，终于有了奶茶。她点了一杯奶茶坐了一下午，那一天正好是周末。

她还不敢去上电脑看电邮，害怕看见的消息会让自己失望。可当她快把奶茶喝完时，接到了一个电话。

是本次大赛的组委，通知她在多少日之前赶到大厦领奖，对方在电话那头很高兴，言语也很激动地说："我们看了林小姐的作品，也看了林小姐的资料，知道您是因为家事辍学，这么些年，也通过自学有了一定成绩。本来我们公司面试条件是有限制的，但这次林小姐作品获得第一名，所以想请林小姐有时间，有意愿的话，来我们公司面试一下。”

林霄当场不能动弹，瘫坐在咖啡屋的木椅上，傻乎乎地问：“你们，不会是骗子吧……”

对方在电话那头笑了笑，并未说太多，而林霄也似乎从未想到这天翻地覆的变化。

半个月后林霄去了那家著名的珠宝公司上班，她每个周末还是会来这家咖啡屋喝奶茶吃点心。

后来我参加我表哥婚礼的时候，问他为什么会非娶表嫂不可。表哥搂着表嫂，一脸幸福：“我开这么久的咖啡店，只有你嫂子会每天来问我有没有奶茶。当然，有一种感觉，从一开始，就不会错。”

我打趣他，却看向新娘，一袭婚纱衬得她皮肤很白，她笑起来眼睛弯弯，很是温和，不愧是南方人。在知道她的故事后，我问她有没有想过成功为何会降临在她的身上。

她想了想，很认真地对我说：“大概是因为我比其他人对梦想更有信心吧。”

我恍然大悟，在这世上，有许多人许多事，并非一开始就已经注定。很多人想要成功，却站在路边畏首畏尾，不敢前行。

而有的人不惧风浪，昂首阔步，一路走一路唱，最后的景色是什么，也只有到了那里才能知道，不是吗?

勇敢向前走，你虽不知结局如何，但怀有信念，就总会拥有希望。

◎孤独与呐喊的回声，
穿梭在人群中的寂静心跳

成长中最寂寞的一个附加品叫孤独，它在你的血液里肆无忌惮地游走，在你的生活里毫无顾忌地兴风作浪，最喜欢看到的就是你越来越脆弱的小心脏和廉价的眼泪。

成长中最不寂寞的必备品叫勇敢，它带领你披荆斩棘，一路前行，穿越苦难与坎坷，无论风雨多大，海啸多大，都会鼓励你做个勇士，切勿做个懦夫。

而孤独与勇敢却是一对恋人，你选择什么样的生活全凭意愿。

多年前看过一个访谈节目，对一段对话记忆犹新，主持人问嘉宾，什么时候感到最孤独，最无助。嘉宾沉默一阵后说，就是现在，在我事业最高峰。

我想，孤独这个不大积极乐观的词汇赋予了新的意义。

也就是在多年前的那天黄昏中遇见了不大乐观积极，且颓靡至极的阿玉，穿着上一辈人的宽大衣裙，风中凌乱的及腰长发，略显佝偻的背，怀里抱着一只黑色的猫，还拖踏着一双红色布鞋。那时我在火车轨道上端着新入手的傻瓜相机胡乱地拍照，拍黄昏、夕阳和寂静的轨道，阿玉就这样寂静无声地闯入我的视野，与这一切浑然天成。

后与阿玉熟识，便知她读完初中便辍学在家，帮着母亲照看生意不算好的小铺，卖着柴米油盐酱醋茶。我问阿玉是否打算就这样过一生，她好笑地望着我，反问："不然呢？该嫁人的时候找个男人嫁了，这一生不就这么过了。"

她说得轻轻巧巧，我却在她的眼睛里看到了两种矛盾的情绪，不甘与认命。

我握了握阿玉的手说："你该反抗，这不是你该过的生活。"

再后来我搭上离开这座城市的绿皮火车，辗转了很多座城市，见了各式各样的人，却忘不了那座小镇上穿着邋遢却眉清目秀的阿玉。

在接下来的四年里不曾跟阿玉有过任何形式的联系，时间太久远，以至于阿玉已在我心里搁浅。

2014 年 6 月，在我快要下班的时候，前台说有人找我，在对面的星巴克。我狐疑地过去，看见了一袭火红裙子的阿玉，在夕阳下美成一幅画，像极了电影版《匆匆那年》最后一帧的方茴。阿玉笑嘻嘻地说："我上午看见一个女孩子很像你，不敢确定，就跟了一路，没想到真的是你。韩梅，你可一点儿都没变。"

"是啊，你可变了不少。"

阿玉说，"我听了你的话反抗了。"

阿玉"一把鼻涕，一把眼泪"地哭诉了她这些年的种种遭遇，刚到成都的那年，兜里揣着阿妈给的2000块，没有朋友，没有家人。找了洗碗的工作，一个月拿着800块的工资，除去房租和生活必需品，最后所剩无几。没有任何工作经验的她，连做个服务员都被拒绝了好几次。

阿玉说她把每个月剩下的钱都攒起来一部分，剩下一部分拿去买了对于她来说昂贵奢侈的设计方面的资料和书。白天在饭店工作，晚上在狭小的出租屋里借着暗黄的灯光看设计书，疲倦了就躺下睡觉。没有朋友，只是偶尔和后厨的大妈和厨师聊上几句，不同的世界，不同的思想，常常聊几句阿玉就沉默。

阿玉时常看着闪烁的霓虹灯和匆匆而过的人群，在各式的欢笑声中发呆。阿玉那个时候变得沉默，她感到孤独和无助，特别是跟别人谈起她来成都的目的就是做个设计师的时候，她们嘲笑她，说："设计师啊，你以为是个人都能做的吗？这需要动脑，你有脑么？哈哈。”

她开始怀疑自己，是不是真的只能回到那座小镇，嫁给东街卖肉的周荣，还是西街做面的孙凯。或者这辈子就做个洗碗工，拿着微薄的工资，在狭小的出租屋里做不切实际的梦。

阿玉说：“那个时候感觉自己的世界就是绑得高高的马尾在支撑。”她还说：“韩梅你知道那种感受么？所有人下了班成群结对地回去，走在街上，要么身边有老公孩子要不然就是有朋友亲人一起走，再不济的也有手机和音乐陪伴。而我只有被嘲笑的梦想和洗不完的碗，连个陪我说话的人都没有。所以那个时候老曹说想要跟我结婚并且支持我的梦想的时候，我想都不想就答应了，那个时候我就觉得有个大点的房子，下了班有个人陪我吃晚饭也好。”

可是生活不尽如人意，老曹并不懂阿玉，她依旧孤独。她去了几家装饰公司都被拒之门外，没有经验，没有学历，在室内设计这一行是完全的白痴。老曹心疼阿玉，帮着找了个好点的工作，没那么辛苦。

结了婚的阿玉以为老曹是她的支撑点，全身心地投入到学习设计这方面的知识中。某一天老曹实在忍不住说：“阿玉，你就不能消停会儿么？你一个初中毕业的想做什么设计师，你看看哪个设计师不是高学历要不然就是接受过专业培训的。”

一语点醒梦中人，阿玉兴奋地拉着老曹的手说：“老曹我可以去报培训班啊，这样我不就也是接受过培训的人了。”老曹无奈地叹了口气。

没想到之后阿玉真的找到了工作，在公司跟着一个老设计师做助手，要求阿玉两个礼拜里必须熟练CAD和3Dmax，教了阿玉几次之后就出去跟客户聊方案。阿玉白天在公司除了给设计师们打印施工图和复印施工合同，做工程报价，还要去新楼盘量房，或者就去工地画水电图。忙得没日没夜，每天拖着疲惫的身躯回家，以为有热腾腾的饭菜和老曹的怀抱，没想到换来的却是老曹的暴怒。

争吵愈盛，老曹打了阿玉，他说：“我娶你回来是给我传宗接代，做好饭菜等我回来而不是老子天天回来自己动手，还伺候你。”

那个时候阿玉就绝望了，她唯一的精神支撑就这样变成了她的想象。

后来阿玉跟老曹离了婚，她又回到了从前出租屋的生活，日出而作，日落不息。没多久阿玉就成了正式员工，可是依旧是个助理。在画各个设计师的施工图中学习别人的思想，慢慢地学会了所有施工流程，了解了施工工艺，她懂了哪里该做强电哪里该做弱电，什么叫空鼓。

再之后阿玉就做上了设计师，每天忙忙碌碌，跟客户谈单，去施工工地，看工程进度，陪业主选瓷砖拿回扣，日子开始好起来。后来阿玉搬了家，没有住在破破烂烂的出租屋里，搬进了小区，把乡下的阿妈接到了成都来。

阿玉笑着说："韩梅你知道吗，我工资越拿越高，可是我还是连个说话的人都没有，大家都是客客气气的样子，还好遇见了你。"

我笑着问阿玉为什么一定要做这一行。阿玉说："因为你说的要反抗啊，我不想过从前的生活，所以只能勇敢地跳出来。不停地往前，不能放弃，放弃我又只能回到小镇上，说不定这辈子就这样过去了。"

我看着面前的阿玉，时间好像回到了四年前，那个穿着宽大衣袍和红色布鞋的阿玉，抱着黑色的猫和氤氲在黄昏里的颓废。

如今的她，精致的妆容，纯粹的双眼，大大的波浪卷披散在双肩，穿着火红的裙子和细高好看的鞋子，喝着咖啡，微微浅笑，四年前的样子早就消失在时光里。

阿玉临走的时候跟我说，她最孤独的时候就不停地在心里跟自己说要坚持，放弃了就要回到小镇上做个小贩，嫁给一个没出息的人。没有支撑点的时候就感受自己的心跳，说，还好有小心脏陪着她。

我看着阿玉离去的背影，一阵唏嘘，勇敢、坚持、孤独与成功，原来在某个错落的时光里是一种含义，看你怎么想，怎么看罢了。

◎把自由当作一种信念，每个人都是自己的主角

人最怕横越山河无法纵情歌唱，最怕衣衫褴褛无法光鲜明亮，最怕所做的一切在无声风险下悄然渺茫。

而若你什么都不做，保持墨守成规不愿改变的态度，那你将可能永远无法变得更加风光。因为自由，是人生信条中最重要的力量。

正值八月暑假，我与朋友约好，在重庆美院相见。重庆的夏天我早有所闻，却并未真实感受过。所以当我站在重庆这座山城时，我才发觉之前在武汉的体验已不值一提。柏油路上烫得可以煎熟鸡蛋，街道两旁空无一人，倒是咖啡店和冷饮店人满为患。

我和朋友打了电话，约在美院附近的一家咖啡馆见面。

她并不是一个人前来，身旁还跟着一个男人。那个男人皮肤黝黑，

扎着小辫，浓眉细眼，穿着宽松的棉麻衬衣，和一条七分牛仔裤。

气质倒是不错。我却不知道朋友带着他来是什么意思，只有礼貌和他问好。

他远不如他的外貌那般冷漠，反倒是有些亲和。在双方问好后，他嘴角一直挂着笑意。朋友说："他叫大霄，是我们美院的传奇。"

我那个朋友从小就是个美人胚子，追求她的男生数都数不过来。她很少夸人，但是她这样说了，我不禁就开始认真观察这个叫大霄的男人。

听见我朋友这么一说，大霄有些害羞，摆手称并非这样，我朋友不依不饶，弄得大霄也是尴尬极了，一直用无奈的眼神看着我。

我低头吃着冰淇淋假装没有看到。

晚上回到宾馆，我就给朋友打了电话，从她和大霄的互动中我就看出她对大霄有意思，但是原来一个挺矜持的女孩，怎么到了大霄那里，就完全没有脸面，我得搞清楚这个问题。

朋友在电话那头咆哮："你不知道大霄有多好！他就是我的偶像！我铁定要嫁给他！"

等她一顿怒吼完，我才掏了掏耳朵问她："姑娘，你这么任性你妈知道吗？"

她对我又是一顿怒骂，为了让她恢复温柔体贴的本性，我只好说：

“那你给我讲讲，他到底哪里好？”

于是那一个晚上，朋友都在给我讲大霄的故事，直到我的电话没电自动关机，才得以解脱。不过听她讲完后，我不禁也开始佩服起这个男人。

或许他心中有家，却又眷恋天涯。

大霄出生在一个条件不错的家庭，父亲是团政委，母亲是教师，家中只有他一个独子。一家人宠他爱他至极，也许平稳幸福的生活让大霄倦怠了温室一般的环境，他开始渴望流浪者的风风雨雨。

初中读完后，大霄开始辍学，他有一颗浪子情怀，总想要将生活过成诗。背着一把吉他，就想要走遍世界。

然而世界并非如此好闯，在上海、北京这些城市混了些日子，大霄才惊觉这样的生活根本撑不起他的文艺梦。

有时想要拥有，又怎能不去努力丰富自己？

有着这般觉悟，在外晃荡了几年的大霄才终回故里，重新开始自学高中三年的课程。三年课程，他花了两年的时间完成。

家人为他决定好出路，没想到他却毅然拒绝。他的心早有所属，他要上四川美院，除了那个学校，他哪也不会去。

不知他的坚持源于哪里，也不知他的信念源于哪里。

或许是迷恋上了诗人画家的生活，所以才这般执拗。他的父母并不当真，只当儿子回来了，能知道上进便是最好的事情。

两年后他参加高考，考上了一本，却没有被四川美院录取。

大霄的父亲拽着他去一本学校报名，已经到了学校，却不想大霄死活不去。大霄说："除非是四川美院，不然，我哪里都不上！"

又气又恨的父亲只得随他去，大霄跟着父亲回家，选择复读一年。

第二年，他成功进入了四川美院。

那一年，大霄二十三岁。

供养美术生的费用本就不低，何况大霄远离父母，上的是四川美院。母亲每个月都会定时给他生活费，他也很会节俭，或许深知父母不易，更心疼他们为自己所付出的一切，所以他一直不言不语，咬牙坚持。

他的手上现在都有一条疤痕，那条疤痕几乎盖过了他半个手掌。可他从未跟父母提起过，连朋友提起，他也不愿细说。

后来，在朋友的再三追问下，他才说出实情。

大二那年，他吃过晚饭后回学校，在路上遇到两个地痞。那两人拿着刀子让他给钱，他说："我没钱。"

这句话惹怒了地痞，而他一把握住地痞的匕首，夺了过来。大抵地痞也没有见过这么不要命的人，看着他手中紧握的刀，吓得落荒而逃。

朋友听到这里的时候一拳打在了大霄的肩膀上，她语气有些哽咽：“你可是画画的啊！手受伤了你拿什么画画啊！”

大霄却只是嘿嘿一笑，并不答话。

大学四年不知他是如何撑过去的，整个大学，他都在韬光养晦，大学一毕业，他拿着大学期间兼职赚得的几万块钱，和几个同学一起在兰州创办了他的美术工作室。

工作室第一年收益很好，工作室的几个创办人每人分得了四十多万。大霄成了家族里的传奇。

他还是热爱自己的吉他，也钟爱画画，偶尔写诗，登在当地的报刊，也偶尔举办一次画展。31 岁的大霄偶尔会从兰州飞到重庆，或许在那里他能感受到当年的激情和热血。而 31 岁的大霄，也成了美院的传奇。

朋友说她喜欢极了他，他的一切她都喜欢。我在电话这头轻笑，我问她：“你这么不矜持，大霄知道吗？”

也许早年在走南闯北时，大霄也刻骨铭心地爱过谁，以至于现在对待任何女生都是淡之若水的态度。然而朋友却不死心，她说自己号称少男杀手这么多年，就不信拿不下大霄的心。

我说：“大霄可不是少男，他已经 31 岁了，可比你大多了。”

朋友又是对我一阵怒骂，我离开重庆时，朋友来送我。她眼睛微红，身旁站着大霄。大霄还是那副模样，我拍拍他的肩膀，也不顾朋友一脸紧张。我说："妹子喜欢你，你要好好待她。"

他轻轻点头，不知是表示明白了我说的意思，还是明白了朋友的情意。

年底我看见朋友更新的微博，她站在过分暖人的三亚海边，一袭海蓝长裙，长发凌乱，笑容甜美。

我说："摄影技术不错。"

她得意地说："大霄拍的。"

我埋怨她此时也不忘秀恩爱，却由衷为他们感到高兴。

在第一次和大霄相见的咖啡厅，我和大霄对坐，朋友去洗手间，我问大霄："你是用什么办法把她迷得神魂颠倒的？"

大霄一愣，不知我为什么会问出这种话，他挠头，尴尬地回答我："一不小心就这样了。"

而后来我问了朋友同样的问题，她却很笃定地回答我："是因为他有一颗向往自由不怕孤独的心。"

这句话我寻思许久，发觉再也没有比它更适合的答案。

或许大霄在与他平凡稳定的生活失之交臂时，也曾后悔过。或许他在向往自由的道路上孑然一身孤单流浪时，也曾后悔过。

然而，这并不能阻止他想要成功的心。

这世上最怕拥有信念的人，况且是拿自由当信念的人。因为拥有它的人，世界比天地都广阔。

◎趁着梦想还温热，请将她写成一首不朽的歌

没有梦想，何必远方。人走一路，风景在两旁，趁霞光未暗，快步向前走，终会采摘你的果实，品尝属于你的甜美。

当李航还没有毕业的时候，他迷上了摄影，他梦想做一名摄影师。只要他愿意，带着相机就能周游世界，去韩国济州岛，去日本看樱花，或者去一些小城市拍摄一些小资情调文艺风格的老照片……然后把拍下的照片印成明信片就可以卖钱，衣食住行节约一点儿也就够了。

李航时常幻想着这样美好的生活，可想象很丰满，现实很骨感。

现在的他是一名师范专业的学生，关于他未来的路早在他出生的时候就被安排好了。因为他的父母都是教师，所以他也只能做一名教师，在他们看来，这是最好的出路，而李航喜欢的摄影则被他们看

作不务正业。

所以喜欢到底是什么呢？喜欢就仅仅只是喜欢而已，那么你就只能去喜欢，不能将喜欢变作其他任何东西。

可李航想要拥有它，他时常跑去学校图书馆看一些关于摄影的书，或者在网上听一些关于摄影的视频课程。在生日的时候，他用自己节省了好久的钱买了一台佳能照相机。性能并不是很好，可现在的他只能负担起这个，然后又时常走过这座城市熟悉或陌生的地方，凭着感觉拍了一些照片。一次偶然拿去参加学校的摄影比赛，结果出乎意料的获得了一等奖。

可那又怎样？毕业的时候，父亲告诉李航，如果摄影能让你衣食无忧，你就去吧，李航沉默了。

父亲语重心长地告诉他，他的一生还很长，摄影不能当作职业来做。他的大学专业是师范，摄影只能算作是业余爱好，而且摄影是一个很复杂的圈子，他不过是在学校得了一个一等奖而已。如果硬要选择摄影，今后要在那一潭浑水里混下去会很难，只因不知深浅，或许一不小心就会溺水而亡。

而老师这个职业则不同，父亲已经给了他门槛，只要他努力，就会一步一步往上走。退一万步讲，即便不努力，只要安分守己，恪尽职守，这一辈子也就可以很满足了。

人在社会上多少会有一些牵绊和妥协，李航知道，如果他走了摄影这条路，最开始必定走得无比艰难，他并不是怕苦怕累，只是父母会担心，会失望。他不想自私地走自己想走的路，而丢下父母在家里每天担心他是否吃饱穿暖，衣食无忧。

连这些最基本的问题都需要父母为他担忧，李航想，若是那样，他大概不配做他们的儿子。所以最后，他妥协了。

于是现在的李航是一名刚刚毕业的大学生，师范专业，拿了教师证顺利毕业，然后再通过父母的关系进入了当地一所有名的中学，只要通过一年的实习期之后就能成为一名光荣的人民教师，每天教书育人。

从学生到教师身份的转换简直是一帆风顺，羡煞众人。其他老师暗地里都说他年纪轻轻没有高学历也没有经验，不配当这些最优秀学生的老师，也有的说他就知道靠关系。

但该怎样做大家心里清楚，所以表面上还是对他客客气气。但李航听见那些碎语的时候，心里也会不舒服，好在他勤奋，在大学的时候听过不少国内外优秀老师的讲课，不管是专业课还是摄影课，不同的老师给他不一样的感觉和启发。

他用最短的时间就总结出了一套幽默、好玩、最让人接受的教学方法。学生们都喜欢他的英语课，他们觉得，这个老师刚刚大学毕业，和他们之间年龄相差不大，又是一个挺好玩的人，比之前那些死板的英语老头可爱多了。

大概是李航父母关系的原因，又或者是上级看他实在教得不错，在经过一场公开课之后，学校发出通告，将他一年的实习期提前结束，成为学校的正式老师。

所谓树大招风，这下就更是引起了众人的嫉恨。他虽每天小心翼翼，却也换不来大家的笑脸相待。只有那一群学生，每次看见他都会笑嘻嘻地叫一声李老师好。

可李航始终无法高兴起来，当了老师之后发现课并不多，每天除了上课和必需的课堂备案，批改作业还会有很多其他的时间，他依旧拿着他那个廉价的相机在这座城市里来回行走。

空中的太阳越发刺眼，大地炙热，蝉鸣不断，夏天不知不觉地来临了。期末考试完毕，李航看着学生们欢呼的样子，心情也跟着放松下来。他拿着这半年来发的工资，去买了一直以来自己最看好的单反相机，他并没有忘记自己的梦想，只是梦想，需要用钱来支撑。

然后李航去了西藏，据说那是文艺青年一生的追求。他自认不是文艺青年，但他就是想看一看西藏。

他一路漫无目的地走着，拿着相机拍着，走过寺庙，就拍寺庙；走过雪峰，就拍下雪峰；走过村庄，也就拍下村庄。

而李航在后来想起来，大概收获最多的也就是那片村庄。那里，有最热情的村民，还有只有一个校长和一个老师的学校。有很多学生都需要在天还没亮的时候就起来做饭，然后翻过山，走很长的路来上课。

李航原本只是打算拍一些关于这里的照片，在孩子们过来的时候，他就开始拍摄。但山里的孩子却被这奇怪的还会发光的东西吓到了，他看着孩子们被吓到，又带着一丝丝好奇的脸，只感到难受。于是他蹲下来，告诉孩子们这是相机。耐心地教会他们该怎么使用，怎么拍摄，并且怎么从相机上看到他们自己的脸。还告诉他们，他给他们每个人都拍一张照片，等他回去，他就把照片寄回来。

后来李航留了下来，在这里当了一个月的老师。直到原本的中学临近开学，李航才从西藏回去。离开的时候，那些孩子们都围着他，不想让他走，他们都说："老师，以前也有人说会回来看我们，可他们走了之后就再也没有回来过，老师你呢？你真的会回来吗？"李航点了点头，把他第一次买的那个佳能相机送给了那些孩子，坚定地告诉他们，他会回来，一定会，以此相机为证。

那个佳能相机是他不管走到哪里都背在身上的，因为，那是他最初的梦想。其实他也不想走，他想留在这里继续当他们的老师，可他不得不走。他又想起最开始当老师的时候，完成他的梦想需要金钱，而现在帮助这些孩子们，也需要金钱。所以，自己还是需要回到之前的学校继续赚钱。

回家的路上，李航整理了一路的相片，回想起那些热情的当地人，还有在学校里的欢声笑语。李航这时候才明白，梦想的意义，并不是仅仅为了完成梦想。

回到学校之后，李航就将照片打印出来，他并没有打算寄过去。他怕山里偏僻，被寄丢了，又或者，那里根本寄不进去东西。他想下次寒假的时候他还会去那里，他要自己带过去，他要亲自告诉他们，他没有骗他们，他说过会回来的。

整理照片的时候，被同事看到，问他去了哪里，他说西藏。同事看着那个偏僻学校里的那些学生的照片愣神。他就一个一个给他讲属于他们的故事，这个叫李红，那个叫王娇……结果吸引了不少同事来围观，他们看着李航拍摄的那些照片也感觉心疼，纷纷给李航一些钱，让李航下次去的时候买一些好的东西给那些孩子，还有三个年轻同事说李航下次去的时候，一定要带上他们。

摄影并不是将最美的时刻留在相机里，而是将最深刻的记忆留在里面，让那一刻成为永恒。梦想，不是一台相机，不是一个任务，也不需要非得是一种职业。它是梦想，就只是梦想，只要是属于自己的梦想就好了。

◎不必因时间悲哀，它始终掌握在你手里

许多我们以为无法掌控的事情就停留在我们手中，只不过我们从来都不以为意，最后只能与它就此别过。

而从头到尾，你的人生，就只能由你负责。

林意没有想过会接到面试电话，而电话就是在他收拾行李准备打道回府的时候响起的。他做事一向收敛谦卑，换句话说就是不太自信，小学参加书法比赛，老师推荐他去参加，他却不敢报名，最后是另一个同学报名参赛，然后拿得名次。他看着那个同学的奖状和证书，第一次觉得别人的好也会让人刺眼。

高中毕业后他选择赚钱养家，一来父亲病逝，二来让年迈的母亲来照顾自己，他确实过意不去，一毕业他就在小城工作。他换过许

多工作，也不知是那些工作要求太过灵活还是他性格不太适应，每一份工作到最后都是无疾而终。

在观察出母亲身体大不如前时，林意决定一路北上，他知道他要扛起这个家，母亲没有反对。对于母亲来说，儿子留在身边照顾她，反而是对儿子的一种拖累，看着儿子拖着行李箱离开，母亲一句话都没有说，却在转身回屋的时候偷偷拭掉了眼泪。

林意在城中村里租了一间房子，在房租期将满时，他投的那些简历却还是没有回应。骨子里懦弱的因子在作祟，他开始收拾行李，却没想到在这时接到了公司的电话。对方通知他去面试，他一下子语无伦次，不知道了多少声感谢，才手忙脚乱地挂掉了电话。

他腿脚发软，去了几步外的拉面馆吃了一大碗牛肉面，这些天他连泡面都不敢多吃，这一大碗牛肉面填饱了他的肚子，也填饱了他的斗志。林意就是在那时觉得，人生总会有不期而至的好运降临，当然，那需要你耐心去等。

林意想好运是在眷顾他的，当他穿上父亲那套松松垮垮不合身的西装去面试的时候，他心里也紧张过。但一想到家里等着他的母亲，他心一横，将这一切作为最后一搏。面试官问他：“作为一个学历不高，又没有这方面工作经验的人，你有什么把握做好自己的工作？”

他说：“因为我有想要坚持的梦想，但是我缺少机遇。”

事后林意也不知道当时怎么说出了那句话，回味一下，觉得那样太过幼稚了。想想当时面试官毫无表情的脸，他就想找个地缝钻下去。肯定是看不起他的吧，他想，作为一个中外合资企业的负责人，常年在外应酬，什么样的人没见过，又怎么会对他的那句话动容。

林意以为一切都没有指望了，回到家身体虚脱地躺在床上，像是被榨干了灵魂的空壳。他望着陈旧不堪的天花板，开始思考以后的人生该怎么走。

最终结果竟是面试成功了。

他穿着那套西装去公司上班，跟在部门组长身后，小心翼翼地张望四周格子间的动静。走廊里来来往往的趾高气扬的男人和女人，还有他们身上散发出的强烈的陌生感。

这一切让林意手足无措，他就像一个小孩，误入成人世界，却没有人将他领回去。组长把他带到了办公室，办公室大多都是男人，他站在那里，组长只说了一句："这位是新来的实习生，叫林意。"

那些人都在忙手头的工作，听见组长的声音，转过头看了林意一眼，又转身开始忙活自己的事情。林意站在那里，突然感觉自己不该出现在这里。

组长给林意安排了格子间，又吩咐了其他同事几句才离开，林意看着他们忙进忙出，而自己却闲着无事。他轻声询问："有需要帮忙的吗？"

无人应答他。

他又问了一遍，这一次提高了声音，有人开始响应他的话。离他最近的那个同事把几张纸递给他，忙碌之中对他吩咐道：“把这些复印十份，急用。”

林意接着却像个烫手山芋。

多年以后林意还是记得当时那个同事的表情，林意拿着那些纸张问他：“请问要怎么复印？”

那个同事转头看了他一眼，眼神中不屑多过讶异，饶是如此，也耐心解答了他的问题。林意脸红得发烫，在那一刻，他像被脱光了衣服的乞丐，只能任人指指点点。

林意记得那天中午自己有多窘迫，所有同事都去外面的餐厅吃午饭，只有他留在格子间里，不知要干些什么。也有人招呼他一同用餐，可他看见他们意气风发的样子，就觉得自己与他们格格不入。他拒绝了他们的邀请，那些同事也不愿自讨没趣，那天晚上回家林意吃了两包泡面。

林意也不是没有埋怨过生活的不公平，吃完那两包泡面，他躺在老旧的单人床上，一个人翻来覆去却怎么也睡不着。像他这个年纪，没有爱情，没有面包，连最起码的目标都没有，他心中唯一的信念就是让母亲过上好日子而已。他望着天花板眼眶渐渐湿润，第一次觉得自己这二十多年活得太过挫败。

在他睡着前，他以为第二天他没有勇气再跨进那家公司，可是当第二天的闹钟一响，他还是立刻爬了起来。不爬起来又能怎样，要么重新去找一份工作，要么滚回那偏僻的村镇。可是他不愿服输，从小到大懦弱了这么多年，他想坚持一次。就这么一次。

第二天一进公司，所有人同前一天一样，只有他朝气蓬勃，对每一个人打招呼，他还是穿着那套旧西服，他还是什么都不懂，可是他变得主动了许多。什么活都抢着干，虽然经常被人议论，但是他却觉得，这样过得特别充实。

三个月过后，他被留了下来，他参加成人高考，一边上班一边完成学业。也不是多困难，每当有人排挤他、嘲笑他的时候，他全都当听不见，那些声音就像他成长的必须养料，如果有所缺失，那他必定不能茁壮。

在这个城市每个人都背负着自己的梦想，即使许多人内心都像行尸走肉那般空洞。林意想，如果不能坚持，那他或许就输了，不是输给别人，也不是输给时间，而是输给自己。

这场没有对手的战役，他从一开始，就只想要赢。

第一年年假，林意回家把母亲接到这座城市玩了半个月，母亲走时摸摸他的脑袋，让他好好努力，为以后打拼。

第二年他有时出差学习，回来的时候会给母亲带一些当地特产，母亲埋怨他浪费钱，总是不让人省心。

第三年他升职，换了出租房，贷款买了一套二手房。

第四年他将母亲接到了自己身边，母亲每天给他做饭，他一回家就能吃到热气腾腾的饭菜。

第五年他遇见了喜欢的女孩，他要和她共度余生，女孩很受他母亲的喜爱。

到了第六年，他和女孩准备结婚，双方父母拿钱买婚房，他将积蓄拿了出来。之前那套房，留给了母亲住。

第十年他有车有房，妻儿都在身旁，他经常带着他们去陪伴母亲，他从未想过这一生竟会是这般景象。

十年前，他是一个懦弱胆小的青年，十年后，他衣着光鲜，充满自信，更为当初的勇敢庆幸。如果当初逃离了这里，他想，他远不会如此幸福。

他可能没有能力照顾母亲，遇不到如此喜欢的女孩，见不到他没有见过的风景，受不住他没有受过的挫折，所幸他并未选错。

总有人蹉跎往事，哀怨时光，却从未想过从现今起将它弥补回来。也许这其中挫折很多，但如若胆怯面对，它只会从你指尖滑过，又怎会蜿蜒成河。

第四章

实现梦想的人，
都是眼含热泪却依然坚持的人

◎每一个不曾起舞的日子，都是对生命的辜负

每一个不曾起舞的日子，都是对生命的辜负。我们需要的是努力，是坚持，而不是辜负。

他说："每一个不曾起舞的日子，都是对生命的辜负。"

他姓孙，叫阿久。久字在我们家乡口音里是狗的谐音，但这并不是他常常遭到嘲笑的原因。他被嘲笑是因为村里的孩子觉得他和我们不一样，身为一个男孩子却那么喜欢跳舞。在乡下，跳舞是女人才做的事，更何况，阿久跳的是芭蕾舞。

阿久长得很好看，白白净净的脸，瘦瘦长长的身体。但这些恰恰又证明了他如此的女性化。学校有个破烂的角落，就像鬼屋一样，我在那里第一次看见传说中的阿久跳芭蕾。阿久穿着白色的衣衫不停

踮脚，跳跃，旋转。说实话，挺好看的，虽然有点儿生硬。可惜，阿久是个男生。

跟我一起到那里的同学都捧腹大笑，我不想太突出，也跟着哈哈大笑。眼角都差点儿笑出泪来，但是在笑什么，可能连我自己都不知道。阿久的动作一刻都没有停顿，继续踮脚、跳跃、旋转……他甚至没有看我们一眼。男同学逐渐感觉无趣，纷纷回家，只有我留了下来。

我坐在已经开始腐朽的秋千上看着他跳舞，想不通他为什么顶着那么多的嘲笑仍要坚持明明是没有用的事。夕阳已经落到了只余三分之一，温柔的夕照给他镀上了一层光。他的舞姿不娴熟、不正规，甚至跳得也不完整。我就在那里看他笨拙地跳到天黑。

我不知道自己为什么会被他吸引，但是在那之后的每个傍晚我都会过去看他跳舞。渐渐地，他也默许了我的存在，有时候在学校碰见我，他还会看着我点点头。只是很长的一段时间他都没有进步，舞步还是那么生硬青涩。

终于有一天我忍不住开口叫住了他。

我说："不是我打击你，但是你一点儿进步都没有，还要顶着别人的讥笑讽刺，为什么还要继续跳，何必做这种徒劳无功的事情？"

他停下来喝了一口水，直接躺在秋千旁的地上，声音缓慢而沉稳地说："为什么要理会别人的嘲笑，在意别人的眼光？我喜欢跳舞，我就坚持它，不可能为了不在乎的人而放弃梦想吧，那样才是真正的不值得。我暂时跳不好，只是一时半会儿的事，总有一天我会努力跳出我想要的舞蹈。这是我的梦想！”

“梦想……”我跟着喃喃了一句。

他侧过头说：“对啊，梦想。你肯定也有吧？”

“我想写一本书，一本属于我的小说，上面署着我的名字，里面的人物故事完全由我构造。”

“这就是梦想啊，你的作家梦。”

“可是，我连个完整的句子都还没写出来过。”

“慢慢来，要一直写，一直坚持地写下去。千万不要停下来。有一天你回头看，可能就发现自己不知不觉写了很长的文章，走了很长的路。甚至，可能你已经成功了。这样不是很好吗？”

跟他聊完后，我才知道，他是带着这么坚定的信念去坚持自己梦想的。所以后来，我也是带着那样的信念去翻山越岭、跋山涉水去寻找灵感，只为接近我的梦。

忘了说，阿久在学校出名的原因还有一个，他是学霸，总拿全年级第一。后来，中考的时候，他考上了市里的重点高中，我这种只有语文稍微好一点儿的差生自然是要跟他分道扬镳了。那时还没有手机，我和阿久就那样失去了联络。

大学我选了汉语言文学专业，毕业就去了一家报社做记者。我渐渐能写出长篇大论的文章，但是打拼得很艰苦，从一个任人呼来唤去的新人到稍有发言权的采编，途中的辛酸泪不为人知也道不详尽。

直到后来主编下的一个任务我才又与阿久重遇，即采访一名知名海归舞者。

神奇的是，我在有着上万个座位的表演中心，那么多人中，一眼就认出了阿久。他还是那张白白净净的脸，瘦瘦长长的身体，就连笑容也没有变。只是当年白色的衣衫换成了正规的舞服。我要采访的知名舞者竟然是阿久！

阿久找到了属于他的舞台，他柔软的舞姿比女子的更加优美，他在舞台中央不断地跳着、旋转着，显得熠熠生辉。我想，他实现了自己的梦想。

而我在社会这个大熔炉里马不停蹄地奔赶，摸黑打滚了那么久，却只能当个小小的采访记者。离我想当作家的梦想，差了十万八千里。有时候不是怕别人比你优越，而是无法再跟他势均力敌，尤其一开始分明就是相差悬殊的两个人。

做完正式的采访工作后，他邀我去喝酒。灯红酒绿的环境里，阿久的脸也跟着忽明忽暗。他举着酒杯问我过得如何，我无奈地苦笑着说："不如何，一身落魄，没有你那么风生水起。"他盯着我笑，很久才开口："我也曾满身灰土，你都忘了我曾经被讥讽嘲笑过那么长一段时间了么？"我说："怎么可能忘记呢？我们那时才认识，你才初学跳舞……这些不提也罢，还是说说你这些年怎么过来的吧。"

阿久点点头，开始笑着说起从前。

我没有料到，他高中都没有念完。高二的时候，父亲因贪污受赌被送进了监狱，好好的家庭就这样毁得支离破碎，母亲带着家里仅剩的财产带他出了国。他英文不好，一开始连日常生活也过得磕磕碰碰。他每天努力学英文，努力挣钱，尽力使母亲生活得好一些，尽力不让人看扁。但是每到夜深，他总是翻来覆去不能入眠。床板很薄，硌着他的不是肋骨，而是不能如愿以偿的梦想。他仍是想跳舞，他想尽情地起舞。

直到他碰见美国的一个舞蹈爱好者团队，也就在那时遇上了他现在的女朋友 April。她是顶级芭蕾舞蹈演员，由于看不惯舞台的黑暗退居二线。他向女友请教如何学习。但是男生筋骨本就比较僵硬，更何况阿久那时骨架已经成型，April 说也并非没有办法，但是拉筋练习会特别艰辛。

April 为他制定了一项计划，除了工作吃饭的时间，他几乎全耗在了舞蹈室，连睡觉都不足四个小时。每天拉筋、压腿、练习姿势。即便伤了筋骨，好了也继续练习，没日没夜。

阿久刻苦练习后渐渐有了小成果，也在舞蹈界渐渐名声大噪。

我们说到这里的时候，一个金发美女出现搭了他的肩，我当即知道，这就是他的女朋友，April。她非常有气质，待人也热情。我笑阿久捡到了一个好女生，他傲娇地回答："必须的。"

我忽然想起十六岁的傍晚，躺在夕阳里的阿久说的话，他说："每一个不曾起舞的日子，都是对生命的辜负。"

对我而言，每一个不写字的日子，都是对梦想的辜负。若不是他，我险些要忘了当初自己的信念，当初信誓旦旦的梦想，怎么能变成一纸空谈。

我不知道我的作家梦能不能坚持下去，我也不知道阿久的芭蕾梦能不能旋转下去，我只知道梦想不灭就终有成真的一天。

◎如果你能让世界上所有人都喜欢你，你才有资格说讨厌自己

世上并未有一朵花与你一模一样，或许在同一个平行世界里，有着另一个你，但也并非完全相同。至少你们相遇的可能性是极小的。从样貌、脾气、性格、内涵来看，这些都会成为你整体的标签，若是你一点点将它撕去，它或许会变得不重要，随即让你变得逐渐透明。可是，这些真的不重要吗？

你可以将其中一些标签慢慢涂改美化，把坏脾气逐渐消磨，一点一滴重新来过，好让旁人不曾觉察你原先那张标签的糟糕。可是你不能任性妄为地将其逐一撕掉，无论你如何自暴自弃，那些标签的印记都会存留在那里。如果你不能珍爱它，便不能将它变得更让人欣喜。

他从十一区流浪到二十区，从未穿过一身完好的衣裳，总是补

丁的衣裤让他看起来并不干净。虽然他有换洗衣物，但在外人看来，他乱蓬蓬的齐肩长发和总去翻找垃圾桶的行为，总让人有些不舒服。

他来自哪里，目的地是何方，没有人知晓。电视台的人来采访附近居民的时候，居民也只是迟疑回想："不知是哪里来的，只看见他整天翻着垃圾桶，睡觉应该是睡银行外面的提款机那里吧，不过经常有人赶他走。"

二十四小时都亮着灯光的自动存款机，他在那样的空间里蜷缩在一个角落，裹着全部身家混上一宿，但往往天不亮就会被人发现，然后被轰出去。

所以他并不长久地待在一个地方，他乐于流浪，并不急于安定。似乎上天也习惯了他这般自暴自弃，时常不会让他在垃圾桶里找到半分收入。

没办法，除了在垃圾桶里翻找瓶瓶罐罐和一些纸板，他实在不知道哪里有他可免费获取收入的地方。

那些没有事干的老大爷和老婆婆有时也会来凑热闹，跟着他一起翻。起初他以为他们是想帮助他，但直到那些老大爷老婆婆拿走了他的瓶瓶罐罐的时候，他才知道这些过着安逸生活没有事情做的老人们，不过是来调剂下生活罢了。

他知道自己叫什么名字，来自何方，家里有谁，住在何处。可是他没有身份证，没有户口本，不知自己到底今年多少岁。因为不曾为自己过过生日，也没有人为自己过过生日，所以，面对电视机的时候他只是说：“我今年四十几岁。”

到底四十几岁，连他自己也不知道。

二十多年前，读过高中的他和同学一起来到深圳这个大城市，闭塞的农村在那时似乎并未使用过身份证。那里的人们世代务农，从未想过要走出去，但他却来到这座繁华缤纷的城市。

他对这座城市有着无限的幻想，却始终被生活无情击碎。

到深圳时他不满十八岁，靠着同学救济的五十元钱独闯天下，车费花去三十五元，手里还剩仅仅十五元。

也曾经试过去找一个安稳踏实的工作，却都被所谓的押金吓到。他或许不曾想到，在大城市里生活，其实一点儿也不容易，至少，只有一双手是绝对不够的。

所幸他并不孤独，有工作的时候他就工作，但工作时间并不会很长，连身份证都没有的人，有哪一家工作单位会长期录用呢。或许，愿意雇佣他作为短工都是一件很幸运的事情。

所以他那时经常饱饿不定，温寒不定。

漂泊在外二十多年，他没有人陪伴，外人异样的眼光一开始或许会让他觉得浑身不舒服。可是久而久之，他也逐渐不在乎了。

又不是什么大不了的事情，就算翻找垃圾桶，他不也是靠着自己双手在吃饭吗？一有空余，他就会看书听音乐，他会用尽各种方法去寻找书籍，只要有书看，人就不会孤独，只要有音乐听，人就有了陪伴。

青年时候，他也有过梦想，却最终被现实磨灭。那时的他想要站在舞台上唱歌，梦回千转，无数次在寒风中醒来。他想，若是能站在一个宽阔的舞台，他一定要好好唱歌。

流浪的日子并没有尽头。在外人看来，他不过是又脏又不起眼的流浪汉罢了。但在他自己看来，自己也拥有梦想，虽然看似一无所有，但他想要去做更好的事情，假使明天就是末日。

流浪汉的圈子看似很单一，其实他们是会惺惺相惜的一种人。因为彼此的生活状态都好不到哪里去，知道你靠近我别无所求，现实中温饱已如此难以解决，谁还会在乎其他的事情呢？

某一天，他结识了一群唱歌的流浪汉，那些流浪汉站在街头唱歌，手中拿着话筒，那些看客渐渐围上来，如果唱得好就会给上一点儿零钱。

有修养礼貌的人并不会被人讨厌，如他就是一个例子。

虽然流浪多年，却口齿清晰，行为举止彬彬有礼，与他一讲话，很快就能让人忘却他流浪汉的身份，他有自己的魅力。与流浪无关，与翻找垃圾桶无关，与那些冷眼嘲笑，通通都无关。

那些流浪歌手收留了他，让他与他们一起唱歌，与他们一起生活。那时候，他有了朋友，有了真正像样的生活。

站在舞台上时，他有些紧张，却表现得很从容，说出的话一丝不苟，慢条斯理。一身衣服已是他借来的最好的，或许在外人看来，不过是奇奇怪怪不合身的旧衣罢了。

以前的他从不敢奢望梦想有实现的那一刻。他只说：“我一直相信世界上有很多美丽的东西，我想成为其中一部分。”

电视机前的观众都被他的这句话震住了，一个孤苦的流浪汉，却能说出如诗般的话语。他在电视里微笑，对评委每一个问题都礼貌地回答，他说：“谢谢大家的关心，我没关系。”

哪里是流浪汉，分明有着诗人般的眼神，经历风花雪月后更珍惜人生的那股透明，坚韧又云淡风轻的态度，好似蒲草，令人难以忘记。

他终于站在自己梦想的舞台上唱了一首《朋友别哭》，他唱：“有没有一扇窗，能让你不绝望，看一看花花世界原来像梦一场……”

他唱：“朋友别哭，我依然是你心灵的归宿，朋友别哭，要相信自己的路……”

难以想象，在物质上几乎一无所有的流浪汉，竟然会唱出这样一首温情的《朋友别哭》。

评委们偷偷拭了眼泪，不知是为他的歌声，还是为他这个人，又或者，两种可能都有。一首歌唱完，评委们站起来为他鼓掌。

其中一位评委说：“能让我们所有评委站起来鼓掌的人，不超过三个，而你，就是其中一个。”

他眼眶有些湿润，舞台很大，灯光很亮，梦想在这一刻，变得很近，很近……

梦想不过是想唱歌，只是唱歌罢了。

那么，他早就已经实现。

他是符凡迪，迄今为止，唯一一个登上大舞台的流浪者。他说：

“这个世界上有很多美丽的东西，我，想成为其中的一部分。”

这世上海阔天空，有好多不知归途的人在奔波；这世上天地辽阔，有好多不爱流泪的人在偷偷唱歌。

你有办法让全世界都讨厌你吗？你知道的，全世界的人不会都在意你一个人，地球离了谁也照样会转。没有办法让全世界都讨厌你，那就去试着疼惜自己吧！你要知道，人生这趟列车很漫长却又不堪回望。你要爱，不能随意绝望。

◎你或许会感谢现在的自己，不曾质疑曾经努力的你

“你相信蝴蝶能飞过沧海吗？”

“什么？”

“他们都说蝴蝶飞不过沧海，但是我不信。”

“可是蝴蝶那么容易死，应该是飞不过的吧。”

于是你在懵懂无知的十五岁，心血来潮生了一个梦想。那时候甚至看不清未来的形状，跌跌撞撞，跌倒又爬起。听说，蝴蝶都飞不过沧海，你偏偏不信。你相信只要努力，多宽阔的海都能跨越过去。

你为了这一时兴起流过很多汗水，遇到了很多挫折，但是都没有放弃。所以你值得，值得看到那片苍蓝过后的美景。

我想给你讲讲我舅舅的故事。他是我很佩服的一只蝴蝶，一只

笨笨的、倔强的、会发光的蝴蝶。

老人最后一次出这家门时，他只是眼圈通红地看着载着她的柳木棺材，一言不发。我母亲走上去不忍地拍了拍他的肩膀：“实在苦的话，就哭出来吧，别憋坏了自己。”他嘶哑的声音如今仍回荡在我的耳旁，他说：“不难过，未曾在原地等候的人，不会懂得双腿直立久了都无法弯曲的滋味。如今她已经能含笑地躺下休息了，我怎么敢再用不争气的哭声去吵醒她。”

2013年的七月，流火的日子，此时的舅舅已是南京的一名硕士。他衣冠楚楚，出手阔绰，俨然一名成功人士。他正在母亲希冀的道路上走得四平八稳，风生水起，老人等候了一生的愿望终于成真。我拖着两个小点的妹妹在木门旁泣不成声，他那双如井的眼睛深藏的仍是满满的内疚，这些道不出口的牺牲也是他成功之路的一大因素。

那天晚上，舅舅同我说了许多话，那些不为人知的辛酸让我整夜都热泪盈眶。

小学的舅舅就已经尽显聪明，父母在他人面前提起他时，眉眼中都是油然而生的自豪感。但在他上高中时家庭的贫困却将他的脚步牢牢困住，意气风发的舅舅被学费愁得一夜之间老了十岁，最后是以小妹的辍学结尾。舅舅似乎背负了很多东西，但从没有犹豫过。他想尽情拼搏，他想出人头地，他想给家人更好的生活。

高考前的很多个夜晚舅舅都瞪着天花板合不上眼，夜里让他辗转难眠的不是豌豆，而是那根深藏的傲骨和那个扎根的梦想。

姥姥说："你要好好学习，好好做人。"她期望他可以实现他的梦想，他要做知识渊博的人，好好生活，让家人过上好日子。那么平淡无奇随处可见的梦想，他却经过千辛万苦才让它崭露头角。

老天终是不负有心人，在他经历了那么多煎熬后终于考上了武汉大学。

然而，高昂的学费又是一个大问题。舅舅想到了打工，但是稍微正规一点的店都要年满十八岁，站在十七岁尾巴上的舅舅有点儿欲哭无泪。最后，差不多跑遍了整个村子才央求到一位大叔带他去工地打工，所以学费是他在整个假期里一块砖一块砖地叠出来的。拿到那叠皱巴巴的钱时，灰头土脸的他笑得只剩下泛黄的牙齿，但是心里的那份欢喜和踏实，使他觉得这几十日以来的腰酸背痛在那刻似乎都烟消云散了。

舅舅第一次坐火车，一想到这个绿皮的大家伙将要带他启程，心情就好得飞了起来。在车上颠簸了两天两夜，车外只有黑黝黝的山静静地陪着他，没有半点儿星光。

但对未来的满腔期待与他即将面对的生活显得泾渭分明。背井离乡的日子十分难过，舅舅甚至住不起学校的宿舍，最后在天桥下面租了间小铁皮房。那时的孑然一身是很难熬的，但只有被痛彻地毁坏过，才能那么的不害怕伤害。更何况，这才刚开始。

饭堂的饭舅舅吃不起，买了米让饭堂的阿姨帮忙蒸熟再淋点酱汁就算一顿。衣服冬天两套夏天两套，反反复复地换着穿。重复单调的生活不像其他同学那样多姿多彩，他曾经也对那样奢侈的生活有过向往。

舅舅每天都会路过街上那家店，挂在橱窗的外套黑得油亮，他多想把它变成自己的。终于有一天，他鼓起勇气进店，销售员上下打量了他一番，那眼神让他如芒在背，接着还说了句："这衣服很贵的，买不起就别试了。"舅舅抿着嘴唇，垂在两腿侧面的双手攥成拳头，在那种刺眼的目光下终于打消了自己不该产生的念头。应该感谢那位销售员，别人的刻薄有时候可以变成促使你更加上进的动力。

这样下来一学期他才用了几百元，除了学习的时间，他一直在拼命找兼职。

他在灯红酒绿的酒吧待过，见过各色各样的人。有衣鲜人靓的富二代，有大腹便便的中年男人，有穿职业装的白领。他看着他们扭动身姿，或许是在抒发压力，但是双目已经麻木。那瞬间舅舅就觉得碌碌无为庸俗不堪的生活，生不如死。

舅舅在热闹非凡的都市当家教，每天汗流浃背地赶几小时的公车往返学校。遇到过乖张捣蛋的学生，遇到过无理取闹的家长，还遇到了心动的女孩子。但是除了教书解疑外，讷讷地一句话也不敢多说。这么一个身无长物的自己，哪里有资格开口要别人等你。但是后来这个女孩子成了我舅母，当然这是后话了。

舅舅被骗进过传销组织，四十多个小时后，他带着一百多道伤从长春逃了回来。他虽害怕刀光剑影的危险，但是并不退缩。他还要成为了不起的人呢，怎么能在这种地方丢了性命。我后来撩起他的衣袖，深深浅浅的疤痕，有些居然深可见骨。当时是那样的危险，现在却说得这么风轻云淡。

2005年的大学生赶上了国家第一期助学金，舅舅夹在其间。记得领导问他凭什么可以得到这助学金时，他只答了一句："凭我有一个梦想并有为之奋斗穷极一生的勇气。"他那时眼里溢满了泪光。

那时候想要成为硕士的人不多，因为极其困难，知道的人都说舅舅白费心机。好友也说，一旦触及"现实"问题，一切波澜壮阔最后也避免不了成为清汤白饭。舅舅正色道："如果你没有坚持到最后，那就连清汤白饭也得不到。"

舅舅在浑噩的时候总会想起年幼时的岁月。曾经那些动人的鼓吹和假说，说是在禾田里用双手接过的每一滴雨都可兑为恒久的幸福，所有的梦想都可成真，而他深信不疑并且一路前行。

舅舅相貌平凡，姓名平凡，生活平凡。他整个人却因努力而变得不平凡甚至变得光彩夺目。最后，舅舅成功了，在南京安家，成为将向博士进军的硕士。时至今日，舅舅所拥有的一切都是由他亲手打拼得来的。

舅舅捧着那杯早已凉透的茶，叹了口气有些感慨："所幸当时的我，从来都不曾质疑自己的努力。虽然一头闷，但到底是成功了啊。所以，人总得有个可以深信的信念，最重要的还是要相信自己。每个人走到这个程度都经历了很多很多困难，自我怜惜有时候是最愚蠢的。其实谁都一样，没有必要哭。今天的你，亦是往日的我。”

“记不记得我问过你信不信蝴蝶能飞过沧海？”

“记得。当时我说它飞不过。”

“现在呢？”

“它没死。我信了。”

◎道路的尽头，
永远都会留给一直坚持的人

一直行走着的人才不会孤独，徒留在原地，形单影只，并不是一件好玩的事情。最起码在你准备开始前行时，就有一些事物在冥冥之中有所注定。比如，到不了尽头就永远看不见路途最后的风景，忍受不了一路的艰辛就无法享受最终的好运。

有人会一直羡慕别人好运，而他又怎么知道，那些人的好运，是经过了多少年的等待而得来的。他又怎么知道，为了等到好运，那些人又做了多少的努力！

持之以恒随口一说，都会觉得这是很简单的事情。但是要真正将它做出来，恐怕，就不那么容易了。

苏扬每天清晨都会泡一杯咖啡，她不太喜欢煮出来的咖啡，大

概咖啡豆现磨现煮无论加多少奶多少糖她都会觉得苦，而泡出来的却不会，它的颜色甚至都不会那样深，有点奶茶的感觉，喝下去还会有股甘甜。

每天早上一杯速溶咖啡带她进入新的一天，告诉她，是该真正迎接这样美好的时刻了。

大多诗人总会将心仪的女子这样比喻，如月如玉如花如诗如画，如潺潺的溪水如动人的乐曲。而苏扬，她大抵就是这其中的一种。苏扬如画，如浓墨点了清水染出来的山水景秀，如烟雨朦胧的小镇江南。

她一低头、一翘唇、一个眼神似乎都能有着惊天动地的美。可是在十八岁以前，苏扬并非这样。

十八岁以前的苏扬，因为眼睛近视，常年戴着黑框眼镜。一头马尾永远不会换花样，一身休闲服怎么舒服怎么来，不施粉黛，连唇彩都不会涂抹。

她心中只有一样东西：琴。

苏扬初中时候开始学琴，当然，并非是钢琴，也并非是吉他、贝斯这些琴，她学古筝。

说来也奇怪，苏扬小时并不喜欢乐器，甚至都不怎么唱歌。从小她就不像别人家的孩子，又要学舞蹈又要学画画，放假后课程被安排得很满。她从来都是随心所欲地玩，然而这样的原因只有一个，那就是她的家庭并不像别人家那样富裕。

父亲和母亲一起在夜市经营一个小摊，没有门脸，一到晚上就出摊，深夜才归。卖些饰品或是拖鞋围巾，摊上的纸板标价有时都是苏扬来写。

或许正因这样，她才有着别人没有的渴望。不上学不帮父母的日子，她就时常窝在家里，想象自己是一个旷世奇才，像电视上那些人一样，指尖飞舞，一首动人的曲子就会这样流淌出来。一边想象一边拨弄着手指，有时还会将那些没有用的细橡皮筋找出来，绑在一起，然后把它们当成琴弦，一遍又一遍地拨弄。

它们发出来的声音都会让苏扬觉得激动神奇，这世上怎么会有这么动听的声音？苏扬那时并不明白，她只知道，自己小小一方世界被这痴迷给扰乱得不成样子。

大概每个家庭里，关注女儿最多的还是父亲，父亲发现了她的喜爱，可是父亲并不打算送她去学古筝。

他和苏扬母亲有一个很好的理由来拒绝苏扬："现在学习要紧，学什么古筝？那些没有意义的东西，你真以为能让你有多大出息？"

苏扬沉默，不知为何自己的父母会如此刻薄，因此郁郁寡欢，终日沉浸在自己的世界里。所幸因为这样，她虽然没有朋友，但学习一直不错，倒是让父母不再担心。待她小学毕业，在和班主任老师的一次面谈之后，她的父母开始了深深的愧疚。

班主任到她父母的摊子前聊了一会儿，所幸那时人并不多，如果到苏扬的家里去，被苏扬听见还不知会怎么样。

此时的苏扬终日抑郁，却十分乖巧，一直在懂事地帮助父母做事，极少有时间和朋友玩耍，不过，她也没有朋友。

班主任老师语重心长地说：“你们这个孩子，有心病啊。小学这么多年，我一直想让她在学校积极一些，变得开朗一点儿。可是到了现在，她一点儿也没有改变，完全不合群，一整天都不会说一句话，性格孤僻得可怕。如果这样下去，将来要怎么才能融入社会？”

她颇有深意地看着两个人，叹息道：“班上有几个孩子反映，苏扬每天放学都会去一家琴行逗留，看那里的人学古筝。如果可以，你们帮她实现愿望吧。”

苏扬在很多年以后，依旧很感激当初的这位老师。如果不是她，也许固执的父母还是不会送自己去学古筝，还是会在自己瞎捣鼓的时候说：“这没什么了不起，你不要玩这些莫名其妙的玩意儿。”

然而那日深夜，苏扬躺在床上熟睡，并不觉得孤独，她枕头下是自制的琴弦，她偷偷留着，未曾被人发现。但当父母回来时，母亲竟背着她开始啜泣。她被这啜泣声吵醒，却并未问母亲为何如此，而是闭眼继续睡觉。

第二天，她就被送到了琴行学习古筝。

初中苏扬学了三年，大多数的学费都是由父母支付。还有一小部分，是她在一些晚会上表演，主办方给的酬劳。

那是她第一次知道原来弹古筝并不辛苦，上了高中后，她已经可以去名师家中学习了。整个高中，虽然她是一名默默无闻的丑小鸭，但练习从未间断。任何人见了她，都不敢相信她能弹得一手好琴。

高中毕业，她考上音乐学院，开始在古筝专业学习。

毕业后，经导师推荐，她先后去了多个国家演出学习，任谁也想不到，这个小女孩的父母竟然是在夜市摆摊卖拖鞋的人。

然而，若是她的父母一直强求她好好读书而不追求理想的话，想必她也不会有这般成绩。当然，现在她的父母早已不用摆摊，凭她的能力，两位已经可以安心过日子了。她时常会去各大院校做客，当嘉宾讲师，也会参加各种晚会。她还是苏扬，只是已经从丑小鸭蜕变成了白天鹅。

她每天早上一杯咖啡，不知是何时养成的习惯。她现在的朋友依旧不多，但是喜欢她的人很多很多。

她回想不起自己小学那段时光是如何度过的，从某种方面来讲，她也不愿意想起。那时孤独的自己要与谁为伴，她的答案只有那几根橡皮做的自制琴弦。如果没有它们，要怎么挨过那些冰冷岁月。

苏扬不曾想过自己一路坚持会有这样的成绩，抑或是说，她已经不在乎这些成绩。她最重要的事情就是弹琴。能够开心快乐地弹，能够正大光明地弹，能够在弹的时候不用被人说好好读书，学这些有什么用！

能够一直做自己喜欢的事情，这种感觉真好。

如果当初她被那些言语给打败，放弃了这种炙热的喜爱，未来会如何？又或者，她的确是被打败了，但是又在某一刻重新拥有了希望，然后倍感惊喜。

然而无论如何，她不想去细想，她一直在往前走，所以才会如此明媚闪亮。

被打断喜好和梦想的时候，你要确信这是正确的，是值得你去做的。你想唱歌就大声歌唱，想画画就挥毫泼墨，想跳舞就舞出人生。

星光熠熠，鲜花掌声，总会到来的。

◎被窝和婚姻一样，沉溺一步，都是梦想的坟墓

人生甘苦不可知，如你轻易选择松懈放弃，承受结果的也必定会是你，因为没有人会为你的人生买单。

不辜负、不浪费任何一处好时光，将它辗转为你最宝贵的财富，那么每天清晨，叫醒你的不是闹钟，而是梦想。

阿登给我们这群老同学送来请帖的时候，每个人都吃了一惊，纷纷打电话求证，阿登笑答，他最终还是走进了这个坟墓。印象中的阿登是个说一不二的人，在我们看来再没可能的事情，只要他说出口了，就一定会去做。

高一，阿登说要去爬衡山，没人愿意陪他疯，他就一个人背上行囊去了。半夜开始向山顶进发，在日出之前到达山顶看日出，他用

可乐为自己举杯庆祝。高三时他说他要去跟偶像周杰伦合照，攒了好久的钱，翘掉当时的模拟考去了台湾，最后真的搞到了跟周杰伦的合照。大四毕业，阿登跟处了五年的女朋友分手，他喝得醉眼蒙眬，口口声声发着誓以后再也不会相信女人，不相信婚姻。我们都以为他是一时酒气上脑，没想到第二天他清醒后又重申了一遍，以后做不婚族。我们面面相觑又感到无奈，他既已说出口，就是一定会做到的。

八月十五那天，我们几年不见的同学都聚在了阿登的婚礼上，看他穿着西装人模人样地跟宾客谈笑风生后，我们也开始彼此的寒暄。几杯酒下肚，多年未见的隔阂渐渐消除，也不再有人装腔作势吹牛，仿佛又回到了没心没肺的大学时代。

其实在座的所有人，没有几个达到了当年的目标，没有几个能将信口开河的话变成现实。我们聊起当年的雄心壮志，也聊到如今的穷困潦倒。一群一事无成的人聚在一起谈梦想，谈失败，总结原因。林林总总，不过是在纸上谈兵，空口白话。我们笑闹阿登走进了婚姻这个坟墓，自己又何尝不是一直躺在棺材里等死。

当大刀说到他的奇葩上司时，一个穿着打扮无比精致的女人走到了阿登身边跟他谈话。巧笑倩兮，眼波流转，我们这批男人的注意力立马被吸引了过去。

“新娘子身材较小，面容清秀，应该不会是这个美女。”梁子托着腮鬼鬼祟祟地说完，这边大刀就接了话：“该不会是阿登外边有了个情妇，现在上门砸婚礼？”我啐了一声：“认识多久了？阿登不是这样的人。”

美女跟阿登说完话突然向我们这边走来，身边的“狼人们”就按捺不住蠢蠢欲动了。大刀一屁股将梁子挤到了隔壁的位子。没想到我们微信号都还没问出来，她一坐下就笑了出来，环视了我们一圈才开口：“认不出我？你们太没心没肺了吧，好歹被你们喊了几年的矮冬瓜啊。”一群人如醍醐灌顶般一同“哦”了一声。真是女大十八变，想当年柳絮还是个胖妞，如今却变得这么明艳动人。

大刀一向口无遮拦，“怎么不带老公来给我们看看？”前几年就听说柳絮低调地结了婚，我们都还猜想她会嫁个什么样的人，没想到柳絮抬手倒了一杯酒，说：“不到一年就离了。”

“怎么离了？看你现在过得也挺好的呀！”大刀没头没脑地问了句，言下之意是柳絮并没有因为离婚而憔悴。我在桌下踢了一脚大刀，让他注意点。

“给你们讲讲也没什么。”柳絮摆摆手，脸上不辩悲喜。

“我不喜欢一语成谶这个词，如果要用到它，就证明事情已经到了一种无法挽回的地步。而最终这个词还是用在我和前任的关系上。”柳絮说到这里仰头灌了一杯酒，我们这群大男人就看着她一杯杯下肚也不能阻止。

“像我这种没学历没特长，样貌又平凡的人就算有什么念头也是做不成的。跟前任离婚后我去了一家小公司上班，看人脸色，遭人取笑。我一直忍着，谁让你没本事呢，那就只能做这个阶段的事。再后来，真的是自暴自弃了。婚姻、事业、家庭，似乎什么都是一团糟，觉得生活真没意思，每天都是凑合着过，就连每天早晨洗漱的时候，连镜子都懒得照。可是有一天，我一个姐妹来找我，看着我的样子夸张地大叫，她拉着我走到镜子面前，我看着镜子里面映着的俩人，她妆容精致，我却面容憔悴得像是逃难的荒民一样。”说到这里她自嘲地笑笑。

“突然明白这场婚姻为何走到尽头，怪只怪自己沉溺其中，不知道婚姻也是要靠俩人努力地维系，才能走得更远。只不过是如今才醒悟，想要为自己攒资本，因为自己本来就不是有什么朱颜玉貌的女人，再不努力就更加输得一败涂地了。这些年一个人来来去去，我不禁想以前的诸多事，似乎一天天都在凑合过日子，而那精致的生活似乎从未来过我的世界，其实我也想做个明艳耀眼的女人。”

柳絮停下来，手指摩挲着杯子，大伙屏息看着她，等着下文。

“我想开一家蛋糕店很久了，一直怕被人取笑，毕竟胖妞再吃就更胖了，而且会被笑做的东西都不够自己吃的吧。后来我才懂，只要我够努力，就没有人能去取笑我的梦想。相反，我若是一动不动、一味等待，那么梦想对我来说必然是痴人说梦。‘我不行了，好想从这世上消失’，谁不曾有过这样的念头？但停滞不前只会让你比回到原点更糟糕，而机会是留给有准备的人的。”

说做就做，她向银行贷了款就开始忙得不可开交。柳絮本来是个汗多的人，何况是夏日里的三伏天，动都懒得动。但是没办法，柳絮咬着牙坚持，一边找店面，一边上课学制作蛋糕。可能是因为心态好了，她渐渐从那个自卑的阴影中走了出来，学着逃离懦弱懒惰的被窝，而人也因有规律的生活逐渐瘦了下来。

“人常言：婚姻是爱情的坟墓。实则不然，婚姻、爱情和人生一样，都需要好好地经营。”说完转头看向敬酒的阿登，“希望阿登能像经营他的人生一样经营他的婚姻。”

我说：“这么久不见，一见面就端出班主任的样子。”大家都哈哈大笑起来。我们班主任是个“凶神恶煞”的女魔头，很爱跟高三的学生讲道理，柳絮笑了笑没答。

梁子忽然举起酒杯喊道：“果然是听君一席话，胜读十年书。来来来，为我们的重生或者准备重生的梦想而干杯！”

是啊，盖着被子缩在温室里永远无法触摸到外面的世界，更不会触及狂风暴雨，但同样也不会领略万丈风光。20多岁的你如果连自己都照顾不好，还有什么资格谈梦想？将你的梦想扼杀在摇篮的不是社会，不是不公平的苍天，而是你自己，是你的懒惰，你的松懈，你的嘴上功夫。别人在为实现梦想而奋发图强的时候你在干什么？

很多东西没有想象中那样唾手可得，但是也并非想象中那样遥不可及。为什么不好好想想每天早上都要跟十分钟的闹钟讨价还价而不是为了梦想起床？为什么总是知难而退而不是咬牙坚持？为什么总有大把理由来解释自己的失败？

你我不是跌落沼泽的人，不是挣扎了就会越陷越深，相反，不挣扎一番才会变成死鱼。沉溺在被窝里只会毁掉你的一切。我始终相信咸鱼会翻身，希望我们懂得的还不算太晚。

只要努力尝试去做，梦想就会成真，不然，即使别人想帮你，都不知道你的手放在哪里。

恍恍惚惚多少年，回首往事，当年还有什么遗憾不尽圆满？人生路难回头，如果就此沉沦堕落，谁又能成为你的救赎？

伟大的人往往不是因为本身，而是他难以丢弃，不曾屈服的灵魂。

◎没有坚持不了的现在，没有到达不了的未来

很难说什么是办不到的事情，因为昨天的梦想，可以说是今天的希望，并且还可以成为明天的现实。

和青人认识已经有三年，认识的时候，他曾因为一本悬疑作品在某个网站小红过一阵子，出版过几本书，在初入写作圈子，并且还是一个小透明的我的眼里，已近神祇。

那个时候的他，在聊天中提到自己踩上了悬疑时期的尾巴。

也许真的是踩上了尾巴，所以他在后来也并没有像其他悬疑作者那样大红大紫，因为后来的悬疑读者因为各类作品的崛起而锐减，各大网站、出版社都开始热捧其他类型的作品，可是我知道，他一直都没有放弃。

因为他曾对我说过："我从小就喜欢写作，出版是我的理想，再说悬疑我已经坚持了这么多年了，也不打算为了市场需求而改变自己的初衷。再说，谁又会知道，过几年悬疑会不会再火回来呢？"

看到对话框里几近自嘲的话，我的胸腔好像被什么东西忽然击中一般，眼眶不禁发热，对着电脑不能自已，因为青人打字很慢，平常跟我聊天回复地也很慢，但是这句话他回复我的时候，却只不过用了几秒钟的时间。

也许很多人已经劝过青人要他放弃走出版，现在网文很火，也许更有人劝过青人放弃悬疑，也许回答的次数多了，这些答案已经烂熟于心，打这句话的时候他甚至不用思考，所以才会只用了几秒钟的时间。

我是怎么跟青人熟悉起来的呢？

大概三年前的我，太想要在写作这个圈子里混出个名堂吧，也因为从小到大我在各个年龄段里的各种不同的梦想中，当一个作家，是我一直都坚持不曾放弃的梦想。

那个时候的我，会因为编辑多跟我说几句话便暗自窃喜很久，以为编辑对我独具慧眼，也会因为编辑长久的不理会，而失落彷徨。

只是写文并不像想象的那么简单，自己觉得的那些奇思妙想被编辑一口否定，没日没夜敲了好久的稿子，过了初审，窃喜之余忐忑地等了十天半个月，乃至更长的时间，也会被编辑一句轻描淡写的原因给退回。

说实话，那个时候的我像独自漂泊在黑夜的大海里的一只小船，四处伸手不见五指，却能听到海浪拍打船身的声音，很焦急，也很无助，甚至一度想过，写作这么难，要不要放弃？

于是在一个写稿子写到凌晨的夜里，我打开 QQ，在一片灰暗头像的好友列表里，一眼就看到亮着头像的青人。

那个时候我和青人还不是很熟，可是无数的碰壁和问题，都让我像热锅上的蚂蚁，急需找一个人倾诉，于是我小心翼翼地点开青人的头像，斟酌又斟酌地打下两个字——

“忙吗？”

过了几秒钟，青人回复我：“不忙。”

看到青人回复，我仿佛抓到了一根救命的稻草，于是几句客套的开场白之后就直奔主题。

“为什么写作这么难？难道我的梦想就永远只是一个梦想了吗？”

过了一会儿，青人没回复我，我以为他也像我以前喜欢的一个作者，对我这种菜鸟不耐烦，正要放弃的时候，青人却回复到：“为什么这么想？”

为什么这么想？

因为四处碰壁，因为得不到肯定，因为编辑的冷眼，还是因为想要退缩？

我把所有心里的想法都毫无保留地跟青人吐槽，青人很有耐心地听，然后对我说："我给你讲讲我的写作历程吧！"

说实话，看到这句话时，我心中既惊又喜。

惊的是，青人这种有知名度的作者会给我讲他的写作历程，喜的是，我可以顺便取取经，学习学习如何才能实现梦想。

就在我惊喜之余，青人开始一字一字，缓慢而沉稳地跟我叙述他的写作历程。

青人说："我出生在东北的农村，学习也不太好，上完高中只考了一个专科，学习的也不是自己喜欢的专业，毕业就面临着失业，我曾经辗转过很多地方，为了糊口做过很多工作，网吧的网管，酒店的保安，送快递的快递员……"

在看到这些的时候，我讶然，我以为青人的工作也许薪资微薄，但也会很体面，毕竟也是专科毕业。

"那你是怎么走上写作这条路的？"我忍不住问。

"很小的时候，我想过当一个文学家。我觉得这个梦想太大，于是在心里对自己说，当一个作家也不错，因为我很内向，不善于跟别人打交道，所以那些工作我都做的不长。我自己安静地待着的时候，我脑袋里总是有很多的框架，你知道吗，有一天那些构思终于让我忍不住，那个时候我还没有电脑，于是我就用笔写，写了一整个晚上才写了一个短篇出来。"

说到这儿，青人发过来一个哭笑不得的表情，接着说："结果在我睡觉的时候，跟我一起干保安的室友，没有厕纸上厕所，给我冲进马桶了……”

坐在电脑面前的我也哭笑不得，这可真是个乌龙，心里既替青人难过又觉得好笑。毕竟写文的人都知道，每一个构思都是心血，何况青人写了整整一个晚上。

我发过去一个拥抱的表情以示安慰。

青人继续说道：“虽然那个短篇有些可惜，但是那一次的开始，让我拿起笔就停不下来，我辞了保安的工作，不断地写，写完再去网吧一个字一个字地敲上去，发给某些编辑，有好心的编辑退稿子的时候会鼓励我继续加油，而有的编辑则会直接无情的批判，因为我写的他们看不懂。”

看到这，我又想到自己，不由得感同身受。

“其实这些都不算最惨的，为了安心写作，我辞了工作，但是我得租房子住，还要去网吧把稿子敲上去，我打字速度很慢，所以很费网费，稿子又没有一个能用得上，断了经济来源的我，最惨的时候，一天只吃一个馒头。父母也不同意我干这行，说我没有文凭，又没有经济来源，家里经济条件也不是太好，我是长子，还需要我扶持。我很多日都夜不能寐，然后给我父母回了一句，我说，让我试试，再试一试。”

看到这儿，我已经由讶然变成愕然，又有谁会想到：一个为了实现自己作家梦的作者，在梦想最开始的时候，在最穷困潦倒的时候，就算每天只吃一个馒头，也没有放弃写作！

想到这儿，我觉得自己脸上一阵火辣辣的，跟青人相比，我遭受的这点挫折又能算得了什么呢？这个世界上，又有谁能随随便便就成功的？

在我反思自己的时候，青人又发过来一段话："后来我的作品受一家杂志征用，我很高兴，高兴得想要告诉全世界，觉得面对所有人都有了底气。稿费虽然只有八百块，但那是我第一次看到了希望，慢慢地，我的作品越来越成熟，我的想法也越来越多。于是我开始攒钱，买了第一台笔记本，我打字慢，悬疑也很烧脑，但是我乐在其中，很庆幸还有作品让人知道。"

青人谈到自己的成就，并没有骄傲，而是很平常，因为写作是他真正的梦想，而不是沽名钓誉的手段，也许是见我没说话，青人问我："睡着了？"

我猛然惊醒，赶忙回复道："没有。"

然后又问道："你是怎么坚持下来的？"

青人回道："用一句很酸的话来说，既然已经扬帆，就不要选择返航。因为也许现在的坚持，就是明天的实现。"

看到这句话，我十分动容，是啊，没有什么是实现不了的，只要你坚持，再坚持一下，也许就会达到你的期望，实现你的梦想。

我受到了青人的鼓舞，笔耕不辍，写了三年，在这期间也备受打击和煎熬，可每当我要气馁的时候，就会想到那天晚上青人跟我说的话，终于也出版了自己的第一部作品，也敢堂堂正正地说自己是一名作者了。

而青人呢？他还是在慢慢地写那些烧脑的悬疑，但是可喜可贺，他的努力没有白费，他出版过的一部作品《诡案》已经拍成网络剧，并且很受一些观众的追捧，如果你们看到这里，可以去百度搜一下一个叫异青人的作者，我很感谢他，是他让我看到了梦想的希望，也让我实现了梦想。

虽然现在他还在为房子和其他的事情发愁，偶尔也会因悬疑市场不好而被退稿子，但是他仍旧坚持创作悬疑作品这条路，矢志不渝。

那么我们为什么要在打击面前不堪一击，轻易放手？

我想，我们都会在梦想这条路上走下去，并且会越走越好。

毕竟，我们都相信一句话：没有坚持不了的现在，没有到达不了的未来。

◎当你距离梦想很远的时候，必须玩命地奔跑

最初的梦想紧握在手上，一个微不足道的理由让一切都曾失去过。谁不曾迷茫？谁有不曾坠落呢？安逸的日子谁不想拥有呢？如果骄傲没被现实大海冷冷拍下，如果梦想不曾坠落悬崖千钧一发，又怎会懂得要多努力才能走得更远？又怎会晓得执着的人拥有隐形翅膀？

开学伊始，校长为了鼓舞学生的士气，特意找了一位家乡的名人，给全校师生做开学报告。

而在此之前，校长特派我先去接触一下这位特殊的“名人”——Z先生，看看需要做什么准备。

我读书的时候，就听说过他的事迹，为了此次的接触，我仍旧查了很多资料，做了很多准备。

Z先生小时候因为意外被高压电击中双臂，手术后，他成了没有双臂的孩子。

我不知道一个六岁的孩子，在面对自己失去双臂后，会有怎样的心情和挣扎，只不过资料显示，Z先生在那之后，用嘴和脚代替了手能做的事。

生活，学习，写作……并主演了以他为原型的两部电视剧，有近百篇书法作品和文学作品在省市级媒体上刊播并获奖，他用十年的时间创作了长篇自传体小说。

如果你现在动手到网上查查，肯定能百度出一堆身残志坚的名人，也许是因为Z先生是我的同乡，或者是因为就生活在我们身边，我觉得他是不同的，越靠近，就越觉得在他身边散发着一种激励人心的气场，让人不自觉地想起“奋斗”两个字。

我和Z先生在他的办公室里相见，本来拜见长辈，需要寒暄一下，当时看到没有手臂的Z先生，我的双手竟然也不知道该怎么放才好。

也许是看出了我的尴尬，Z先生请我坐下的同时，让当时在他办公室里谈事的朋友帮我倒了一杯水。

握着手中温热的水杯，我的紧张逐渐消散，也说明了来意。

Z先生坐在椅子上，微笑着点头，说道：“该准备的，我都已经准备好了，如果你还有什么问题，可以尽管问。”

我怔了怔，其实说实话，面对这样有名气的人，而且还是身残志坚的名人，我有很多问题想问，比如当初面对自己失去双臂，面对他人或同情或异样的目光，是什么样的心情；他学会用嘴和脚生活、写字、学习的时候，过程如何……

可是我不知道这样的问题，是不是礼貌。

Z先生看出了我的犹豫，轻声笑了笑，然后像是想到了什么似的，鼓励地说道："我知道你想问什么，也许你在网上看到过我的事情，也会有很多想法,如果我想把那些陈芝麻烂谷子的事情再跟你说一遍，并说说我当时的想法，你会嫌我麻烦吗？"

我有些惊讶，看着Z先生调侃似的笑容，知道他是怕我尴尬和害羞，也看穿了我的想法，给我一个台阶下。

我在心里默默地为Z先生的体贴和豁达点了个赞。

于是就开始等待他为了我一个人的演讲。

"从六岁起就永远地失去了双臂意味着什么？意味着不能用手吃饭，不能用手穿衣，不能用手玩玩具，不能用手写字，不能用手操作电脑，不能用手去做一切事情……"

Z先生喝了口水，开始回忆起他的人生。

"也许在别人眼里，会觉得我很可怜，我甚至也可怜过我自己，可是可怜之后又有什么用呢？我再也不能用手吃饭、写字、穿衣服，甚至再也见不到我的双手。在看到其他小朋友牵着爸爸妈妈的手回家，看到他们扑到父母的怀里，我甚至一度崩溃过，我曾撕心裂肺地问过我妈妈，我说："妈妈，为什么是我！"我的妈妈抱着我哭成了泪人，不断地抚摸着我，说："孩子，活着就好，你还活着！"

说到这儿，Z 先生抬头看向我，笑道："是的，活着就好，这也是我现在不明白，为什么有些人在生活上稍微遇到一些不如意的事，就会选择轻生的原因。活着多好啊，虽然失去了双臂，但是我还有嘴，有双脚，我的眼睛还能看见世界，我的耳朵也能听到声音，我还有追求生活追求梦想的权利，只不过，我需要比别人多付出一些而已。"

在 Z 先生说到自己幼年生活的时候，我的眼前仿佛正有一个没有臂膀的小男孩在痛苦地挣扎，我擦了擦有些湿润的眼角，点头表示赞同。

Z 先生继续说道："随着年纪的增长，我不再怨天尤人，我想读书，但是上学必须要学会照顾自己，生活都是问题，怎么读书？一开始父母不同意，于是我学会了用脚穿衣服，用脚洗脸刷牙，过程无疑是艰难的。有一次我还因为用脚洗脸的时候，地上太滑而摔了一跤，脑袋后面起了一个很大的包，但是我没敢告诉父母，怕他们担心，更害怕他们就此让我放弃，因为他们曾经就放弃过。"

说到这，Z 先生好像回忆到当初那个时候，目光闪了闪，喝了口水继续道，"上学就需要写作业，而我没有手，又该怎么办？面对别的同学异样的目光，我不想在学习上还做个让人同情的人，于是我就用牙咬着铅笔，一笔一笔地写，有时候嘴里泛酸，口水会留下来，但这都不是理由，我怕我一放弃，就永远只能生活在别人的照顾之中，像个废人一样。"

"后来用嘴写字累眼睛，写的时间长我看黑板就看不清楚，于是我又用脚写字，每天背着个小板凳上学，别人用手，我用脚。刚开始的时候，脚趾还会被磨出血，夏天还好，冬天太冷了，脚也被冻坏过，不过很庆幸，我学会了用脚写字，并且写得还算不错。”

Z 先生说到这，对着我眨眨眼睛，我也笑，何止写得不错，那可以算是书法家的程度了！

“我以前的事你大概都知道，我其实最想跟你说的是，这些年走过来，我的一些想法。”

Z 先生换了个角度，继续说道。

我点头，说道：“好的，洗耳恭听。”

“别人都说我的那本自传很励志，我不知道什么才算励志，如果用一个身残志坚的故事能换取别人一个安慰或者给予别人一种鼓励，我想我是愿意别人说我是励志的。自从失去双臂之后，我只想做一件事，那就是做个普通的人，去实现普通人能够实现的理想。”

我不解地问道：“什么才是一个普通人才能实现的理想呢？读一个比较不错的大学？找一份比较不错的工作？”

这些对于普通人来说都需要努力才能做到，何况一个没有双臂的人？

Z 先生笑着摇摇头说道：“你说的这些确实算是理想，但是我的理想就是要么不做，要做就要做到最好。”

我再次讶然，做到最好……其实我们都知道，这很难，真的很难，因为人的极限是无法估量的，怎样才能算做到最好？

见我不解，Z 先生又说道："就拿练字这件事来说，很多人面对我都自愧不如。我觉得他们确实该惭愧，因为他们没有尝试过努力坚持下去，练字有什么难呢？一是需要一个平和的心境，二就是坚持下去。"

我惭愧地笑笑，确实像 Z 先生所言，很多人字写不好，都是因为这两点。

"做什么都需要坚持，上学每天早起，你需要坚持跟睡魔做斗争；读书复习，你需要坚持跟懒惰做斗争；追求理想，你需要不断坚持跟失败和挫折做斗争。你看，人生在世，哪里都需要坚持。"

听到这儿，我不由地笑了，是啊，人生在世，哪里都需要坚持，Z 先生的话虽然很浅显，但是说的都是真理。

记得曾有人说过这样一句话："穷人并不是指身无分文的人，而是指没有梦想的人。"

面对 Z 先生，我可不可以这样理解，真正残疾的人，不是指身体上的残缺，而是有梦却不去追的人。

走出 Z 先生的办公室，春风拂来，吹散我满腔的郁结。通过 Z 先生的一番话，好像让我看到眼前的这个世界都是崭新的，一花一草都充满着活力。

在我们学校演讲的时候，Z 先生声情并茂地讲述了他的人生历程，我再一次听到他谈到自己，却仍旧会有一种澎湃的心情在我胸口涌动。

他谈失去双臂之后，面对外人的冷眼与嘲笑，家人放弃的话语，他是如何自立、自强，通过自己的努力，让残缺的身体爆发了惊人的小宇宙，做出了许多常人都不能做到的事情。他的事迹感染了在座的每一位老师和学生，情到之处爆发了多次热烈的掌声。甚至有的学生激动地站起来边流泪边鼓掌。

在报告接近尾声时，Z展现了他精湛的书法功底，现场用脚书写了“贵在坚持”的四字横幅，在座的老师、学生都十分的敬佩，现场再次响起热烈掌声。

我也跟随众人用力鼓掌，拍到手痛也不自知，看着站在台上意气风发的Z先生，我忽然想起有人这么评价他的自传体小说《不翼而飞》——

它告诉世人：成功不只属于健全者，折翼者也能翱翔天空。它也再次向我们证明了这样一个浅显的道理：只要你有人生目标，只要你为之不懈努力，就可以实现你的人生之“道”。

◎欲戴王冠，必承其重

一个追求梦想的人，也许他会经历很多艰难困苦，可是梦想总会留一扇门给那些坚持到最后的人，这就是王冠的重量。

陈丹说过这样一句话最令我难忘，她说："不管经历过什么，会有那么一天，你活成了你最想要的样子。"

还记得第一次见到陈丹，那时是初一下半学期，班主任在我们下午上自习的时候，带来了一个短头发的小姑娘，通知我们就此多了一个同学。

陈丹长着一双水灵灵的大眼睛，笑起来左边的脸颊还有一个酒窝，看起来很文静，但是疯起来没有边儿。因为后来知道她家距离我家还不远，我们很快就混成了最好的朋友。

陈丹最喜欢的就是唱歌，上学的时候唱，放学的时候唱，下课走在操场上也会唱，她的声音清脆得似黄莺出谷，婉转悠扬，让我十分羡慕，我问她：“你以后要当歌星吗？”

因为陈丹的漂亮和才气，像一颗钻石，让人想不注意都不行。

陈丹大笑道：“这都被你发现啦？”

那个时候我以为陈丹是开玩笑的，毕竟我们都不是小孩子了，知道在漫漫人生中，走哪条路最安全，又有哪些梦，做做可以，千万不能当真。

升初二的那年暑假，陈丹的母亲因为突发疾病去世，一向骄傲开朗的陈丹，再开学之后，便沉默不语。以往走到哪儿都能听到她的欢歌笑语，现在却时常看到她看着窗外发呆。我想安慰她，但是十六岁的我，还未曾经历过身边至亲的生离死别，就算安慰，都会觉得是种无声的苍白。

忽然有一天，陈丹过来找我，拉着我的手，低声对我说：“小慕，我要走了，以后……我们常联系。”

我被惊得说不出话来，只能紧紧地握住她的手，紧张地问道：“出什么事了？你别吓唬我,以你的成绩会考上高中的！你不要放弃……”

陈丹的眼眶红了起来，摇着头哽咽道：“太慢了，小慕，如果考高中，上大学，太慢了……”

那天陈丹向我告别后，第二天真的再没来学校，我去找老师，老师只是叹气地说道：“陈丹啊，是个好孩子，只可惜……”

后来我才知道，陈丹家里为了给母亲治病，花光了所有积蓄，还因为这件事，欠下了很多外债，父亲的身体也不太好，偿还外债已经十分不易，已经再也支付不起陈丹的学费，如果母亲没有突然得病，她家原本是可以支持陈丹去音乐学院学习的。

而我也终于知道陈丹说“太慢了”是什么意思，她要去上技校，用三年的时间学习技术，然后找工作赚钱还债，这样既能早点毕业赚钱，又不用花费太多学费。

后来陈丹给我写信，说她在新学校过得很好，就是学校管理得不太严格，她可以在周末去酒吧驻唱自己赚学费，让我不要太担心，又问了我学习情况等等。

一般的技校当然管理不会严格，而且在当时去技校的学生，大多都是因为考不上高中，在学校调皮捣蛋者居多，在那种学习环境下，我很难想象陈丹如何过得很好。

我想要给她回信让她回来，就算不去读音乐学院，也有其他学校供她挑选。

但是我却找不到理由，因为我不是她，我没有办法替她做选择，纠结了很久，我只得提笔讲了一些她离开后的趣事和学习的枯燥来安慰她。

再后来，我上了高中，选择了一直喜欢的文科，而陈丹顺利地在我高二那年毕业，选择去学校给她分配的地方工作，临走之前陈丹来我的学校找我。

那天我生平第一次逃了晚课，跟陈丹在学校外面的小饭店喝了一顿酒。那是我第一次喝酒，我一点儿都不觉得好喝，而陈丹却像喝水一样。我看着陈丹的改变，有些不知所措，在陈丹喝下第三瓶啤酒后，我的眼眶有些热，说道："丹，你再给我唱首歌听吧。"

陈丹因为喝酒的原因脸色泛红，用亮晶晶的眼睛盯着我看了好一阵儿，爽快地说了声好，那是我在初二之后，时隔三年再次听到陈丹唱歌，她一边用一次性筷子敲着酒碗，一边清唱：

那片笑声让我想起我的那些花儿

在我生命每个角落静静为我开着

我曾以为我会永远守在她身旁

今天我们已经离去在人海茫茫

她们都老了吧

她们在哪里呀

幸运的是我 曾陪她们开放

……

她唱的是朴树的《那些花儿》，声音沙哑，我知道，我们将要走各自的路，为自己的人生拼搏奋斗。

结账的时候陈丹豪放地拉住我掏钱包的手，笑着说道："姐姐来，你一个上学的小屁孩，就不要充大爷了，以后姐姐可是要发大财的。"

不知道为什么，刚才听她唱歌的时候我没哭，听到这句话的时候，我却忍不住流泪，抱着她痛哭起来。

陈丹被我这一抱，吓了一跳，手忙脚乱地安抚着我，声音哽咽地说道："你这是干吗啊，我又不是不回来了，你放心，我会照顾好自己的。"

"可是……可是你工作了，还怎么当歌星啊……"

我哭得上气不接下气，提到当初的玩笑，陈丹拍我后背的手忽然停顿一下，然后笑道："怎么不能当歌星，我照样能唱歌啊，只要有观众的地方，我不就是星星吗？"

也许是因为喝了点酒，我被陈丹的话绕晕了，后来陈丹说，她是连哄带骗才把我带回学校寝室的，差点儿被门卫发现我喝了酒。

后来因为我上高三，每天没日没夜地复习复习再复习，而陈丹的信，也由一个星期一封，变成半个月一封，最后两三个月一封。

信里说她工作的地方还可以，就是工资有些少得可怜，不过她现在可以明目张胆地去酒吧驻唱，偶尔也参加个海选什么的，她说她一直在为当歌星而努力，让我别太担心。

后来因为我们两个都太忙，就都没把很久没通信当回事。

高考过后，我考上了一所不高不低的二本学校，这才想起来，陈丹已经很久没联系我了。

等我找到陈丹的联系电话，打过去回应我的却是冰冷的女声，机械地重复着那句："您好，您拨打的电话已关机……"

我惶惶了一阵，但是因为实在联系不上陈丹，我只好想尽一切办法去找她，后来我找到她家，才从她家亲戚的嘴里得知，他父亲因为常年酗酒，住院了。

我按照他们给我的地址，找到医院住院部，在病房外面看到清瘦的陈丹，她的脸只剩巴掌大小，在病床边给她的父亲掖被子。

我敲了门，陈丹看见我的时候有些惊讶，匆匆走出病房，我把提着的果篮递给陈丹，轻声说道："别太担心，会没事的。"

其实说这话的我也没有底，因为我在医生那打听过，陈丹父亲这已经是第三次胃出血，而且已经转化成胃癌晚期，已经没有几天日子了。

陈丹点头，接过果篮，靠在墙上，低着头，酝酿了很久，才说道："我已经过了海选了，只要再坚持几天，我就可以参加比赛了，也许我可以在比赛里拿个不错的名次，就算不出名，也可以过得比现在好一点儿，他为什么不等我呢……"

听到陈丹这话，我不禁心痛又惋惜，说道："要是叔叔的医药费有困难，我可以回去问问家里。"

陈丹抬起苍白的脸对我说道："没事，我可以应付，谢谢你。"

回去的时候，外面起风了，天灰沉沉的，让人喘不过气来。我加快了脚步往车站跑去，坐在车上，大雨倾盆而下，偌大的雨点打在车窗上，发出噼啪的声音，像砸在人心上似的，让人发疼。我忽然又想起陈丹送我出来时苍白的笑脸，她握着我的手，安慰我说："小慕，我没事，记得我们语文老师曾经教给我们的那句话吗？艰难困苦，玉汝于成。"

艰难困苦，玉汝于成。

我在蒙了水汽的车窗上写下这八个字，忽然觉得老天很不公平，陈丹的人生才刚要开始，就又给她一个打击，让她失去母亲还不够，还要夺走她的父亲，就连我这个外人都看不过去了。

后来陈丹的父亲还是没熬过那个夏天，被夏天的尾巴带走了。自从那以后，陈丹就好像从我的世界里消失了一样，我找不到她，她家亲戚都不知道她去哪儿了，只空闲了几间老屋，挂着一只斑驳的大锁。

我心里着急，可是更多的是无可奈何，我想要帮助陈丹，但是我连养活自己的能力都没有，何谈帮助？

又过了四年，我大学毕业，走上了工作岗位，某个国庆节在家上网，QQ 弹出一个对话框，我看了一眼名字“东儿”，心跳忽然加快。

我永远忘不了第一次偷偷去网吧，学会注册 QQ 的时候，陈丹笑着在我旁边打下这两个字的时候对我说：“知道为什么叫东儿吗？因为耳东陈。”

“陈丹？”我按下心跳，打下这两个字。

“会玩歪歪吗？来频道 54xxx。”

我急忙登录自己常用的歪歪，输入频道，进入房间。

只听到一道熟悉的声音，说道：“大家不要着急，我现在在等一个人。”

这是陈丹的声音！这是怎么回事？就在我激动不已又一头雾水的时候，QQ 对话框又发过来一句话：“进来了吗？ ID 多少？”

我把自己的名字报给她，不到两秒钟，就被人抱上麦序，然后歪歪版面缓冲也完毕，陈丹那张精致漂亮的脸就出现在我面前。

我看着很多人刷着一句话："终于等到你。"

还有很多人刷礼物，我看了一眼在线人数，竟然达到上万人。我知道这是最近火起来的娱乐方式，歪歪主播，也许这么多人在线，不是最火的，但是毕竟也是一种成就。陈丹微笑着对着视频招手，对我说道："小慕，好久不见。"

只是这一句，我就已经对着电脑泪流满面，看到陈丹发自内心的笑容，我知道她很快乐。

紧接着我听到陈丹的声音传来，她说："小慕，原谅我这么久不联系你，不过你看，我还是在做自己喜欢的事，并且为自己的理想而努力。别忘了，只要有观众的地方，我就是星星。"

然后陈丹给我唱了电影《少年派》的主题曲《我的天空》。

"在无尽的黑夜，所有都快要毁灭，至少我还有梦，也为你而感动，原来黎明的起点，就在我的心里面，只要我还有梦，就会看到彩虹，在我的天空。"

后来陈丹直播完，我们在 QQ 上聊了很久，我问她这些年过得如何，是怎么做起主播的。

陈丹语气轻松地告诉我，她后来去了上海，白天做销售员，晚上去酒吧驻唱，继续参加各种海选。一次偶然的机会，她干起了主播这个行业，坚持了一段时间后，逐渐有了名气。现在她的收入也很可观，并承诺等过年的时候回来看我。

我犹豫了很久，问她：“主播是你的理想吗？”

还有一句话我没有问她，能弥补你的遗憾吗？

谁知道陈丹说道：“我的理想是唱歌给别人听，不管是站在舞台上，还是坐在电脑前，我都算实现了我的理想。也许我并不是最红的那个，但是只有在追梦的时候，我才觉得我最富有。”

我默然，也许我们的理想很渺小，也许我们的梦想很远大，但是不管我们经历多少困难，抑或者也曾一贫如洗，身无分文，只要坚持下去，终会得到属于自己的那顶王冠。